오버워치 공식 요리책

오버워치 공식 요리책

목차

작가의 말	6

아메리카   9

캐서디
- » 카르네 아도바다 — 11
- » 비스코치토 — 13
- » 황야의 무법자 — 15

애쉬
- » 옥수수 푸딩 — 17
- » 오렌지 크렘 캐러멜 — 19
- » 텍사스 피즈 — 21

솔저: 76
- » 버터밀크 팬케이크 — 23
- » 테이터 탓츠 캐서롤 — 25
- » 후저 크림 파이 — 27
- » The 76 밀크쉐이크 — 29

리퍼
- » 아침 식사용 퀘사디아 — 31
- » 칠리 콘 케소 — 33
- » 카예타 츄러스 — 35
- » 데스 사이드 — 37

솜브라
- » 모예테 — 39
- » 아즈텍 수프 — 41
- » 콘차스 — 43
- » 도라도 선셋 — 45

루시우
- » 팡 지 케이주 — 47
- » 모케카 — 49
- » 브리가데이루 — 51
- » 리모나다 — 53

아프리카 55

아나
- » 팟투시 샐러드 57
- » 렌틸콩 수프 59
- » 움 알리 61

파라
- » 킵바 63
- » 캐네디안 버터 타르트 65
- » 살랩 67

둠피스트
- » 졸로프 라이스 69
- » 슈쿠 슈쿠 71
- » 펀치 드렁크 펀치 73

오리사
- » 퍼프 퍼프 75
- » 오리사 썬데 아이스크림 77
- » 히비스커스차 79

유럽 81

트레이서
- » 스티키 토피 푸딩 83
- » 피시 앤드 칩스 85
- » 바텐버그 케이크 87
- » 해결사의 칵테일 89

모이라
- » 아이리시 블랙퍼스트 91
- » 기네스 스튜 93
- » 밤브랙 95
- » 아이리시 커피 97

토르비욘
- » 크롭카카 99
- » 잉그리드의 애플파이 101
- » 글뢰그 103

브리기테
- » 토스트 스카겐 105
- » 셈라 107
- » 사프트 드링크 109

위도우메이커
- » 비시수아즈 111
- » 그라탕 도피누와 113
- » 다크푸르트 파블로바 115
- » 죽음의 입맞춤 117

라인하르트
- » 쿠리부르스트 119
- » 케제슈페츨레 121
- » 아이헨발데 케이크 123
- » 알트비어볼레 125

바스티온
- » 기니메데스 프리챌 127
- » 새 모이 129

메르시
- » 비르허 뮤즐리 131
- » 바슬러 브런슬리 133
- » 알파인 치즈 수프 135
- » 발키리의 비상 137

자리야
- » 보르쉬 139
- » 펠메니 141
- » 메도빅 143
- » 슈퍼노바 145

오세아니아 147

정크랫
- » 쓰레기촌 수제 버거 149
- » 죽이는 초콜릿 폭탄 151
- » 보바 어웨이 153

로드호그
- » 고철 팝콘 155
- » 페어리 브래드 157
- » "방사능" 플로트 159

아시아 161

겐지
- » 리키마루 라멘 163
- » 메밀차 푸딩 165
- » 옥룡차 167

한조
- » 후리가케 달걀밥 169
- » 시마다 덴푸라 171
- » 사쿠라 모찌 173

D.Va
- » MEKA 김밥 175
- » 잡채 177
- » 씨앗호떡 179
- » 토끼뜀 수박화채 181

메이
- » 콘지 183
- » 러우쟈뭐 185
- » 만터우 187
- » 겨울맞이 오향 코코아 189

시메트라
- » 파코라 191
- » 치킨 커리 193
- » 까주 까틀리 195
- » 하이데라바디 라씨 197

젠야타
- » 틸 코 라두 199
- » 모모 201
- » 티베트 수유차 203

달 205

윈스턴
- » 파인애플 피자 207
- » 호라이즌 파이 209
- » 땅콩버터 푸딩 211

레킹볼
- » 햄스터 사료 213
- » 치즈 레킹볼 215

작가의 말

오버워치의 주방에 오신 걸 환영합니다, 요원님!

  오버워치의 영웅들은 각자의 신념과 소속에 따라 행동하지만, 맛있는 음식 앞에서는 모두가 한마음이 된다고 합니다. 오버워치 공식 요리책에서는 오버워치 영웅들이 대표하는 각 나라의 전통음식을 소개하고 있고 영웅들의 마음을 사로잡은 다양한 음식 또한 만나 볼 수 있습니다.

  이 요리책에선 각 레시피들을 대륙별로 접근하고 있습니다. 따라서 여러분은 다양한 국가와 지역 간의 식문화적 유사점과 차이점을 탐구할 수 있습니다. 전통음식의 경우 가능한 한 전통 요리법을 소개하려고 노력했지만, 몇몇 요리법은 좀 더 접근성 있고 만들기 쉽게 하고자 전통에서 약간 벗어난 부분도 있다는 점을 알아주셨으면 합니다.

  전통음식을 만들 때 힘든 점 중 하나는 그 지역만의 독특한 식재료를 구하는 것이라고 합니다. 하지만 저는 그것 또한 재미있는 모험이 될 수 있다고 생각합니다! 각 지역의 전통 시장에선 평소에는 접할 수 없는 진귀한 과일이나 채소를 구경할 수 있고, 레시피에서 요구하는 식재료 또한 찾을 수 있습니다. 만약 전통 시장을 방문할 수 없다면, 인터넷에서 구하는 방법도 있습니다. 배송비와 같은 추가 비용이 발생할 수는 있어도 인터넷에는 여러분이 필요로 하는 모든 것을 구할 수 있습니다. 그래도 힘들다면 여러분 속에 잠들어 있는 요리사를 깨워 주변 환경과 상황에 맞게 레시피를 조금 수정해도 상관없습니다.

  이번 만남을 통해 새로운 요리를 발견하고 전 세계의 음식 문화를 배울 좋은 기회가 되면 좋겠습니다! 탈론은 인류가 오직 투쟁과 갈등을 통해서만 진화한다고 주장하지만, 오버워치의 영웅들은 정성 들여 만든 맛있는 음식 한 접시만으로도 통합과 화합을 이루어 낼 수 있다는 것을 알고 있습니다.

  이 시간부로 우린 모두 요리사입니다. 저와 함께하시겠습니까?

        — 첼시 먼로 카셀

아메리카

캐서디
- » 카르네 아도바다   11
- » 비스코치토   13
- » 황야의 무법자   15

애쉬
- » 옥수수 푸딩   17
- » 오렌지 크렘 캐러멜   19
- » 텍사스 피즈   21

솔저: 76
- » 버터밀크 팬케이크   23
- » 테이터 탓츠 캐서롤   25
- » 후저 크림 파이   27
- » The 76 밀크쉐이크   29

리퍼
- » 아침식사용 퀘사디아   31
- » 칠리 콘 케소   33
- » 카예타 츄러스   35
- » 데스 사이드   37

솜브라
- » 모예테   39
- » 아즈텍 수프   41
- » 콘차스   43
- » 도라도 선셋   45

루시우
- » 팡 지 케이주   47
- » 모케카   49
- » 브리가데이루   51
- » 리모나다   53

카르네 아도바다

다양한 향신료와 부드러운 돼지고기가 조화를 이루는 미국 남서부의 인기 음식이다. 이 레시피로 만든 아도바다는 다음날 먹으면 더 맛있으며, 한가득 만들어 두고 취향껏 데워먹으면 된다.

뉴멕시코주 앨버커키 외곽의 66번 국도에는 콜 캐서디가 자주 찾는 허름한 식당이 있다. 블랙워치의 반란 이후로 떠돌이 신세가 되어 자주 찾지는 못했지만, 앨버커키를 방문할 기회가 생기면 항상 그곳에 들러 아도바다 한 그릇을 먹곤 한다.

미국 · 캐서디

분류: **소울 푸드**

- » 식용유 ⅓컵
- » 양파 1개, 깍둑썰어서
- » 마늘 3~4톨, 다져서
- » 돼지 등심 1kg, 한입 크기로 썰어서
- » 치킨 스톡 4컵
- » 코리앤더 씨드 가루 2작은술
- » 말린 멕시칸 오레가노 2작은술
- » 고춧가루 2큰술
- » 시나몬 파우더 1작은술
- » 커민 가루 1작은술
- » 꿀 1큰술
- » 레드와인 식초 2큰술
- » 소금, 취향껏

 준비 시간: 30분
조리 시간: 2시간

 분량: 8인분

 식단: 글루텐 프리

1. 오븐을 175°C로 예열하고 더치 오븐이나 커다란 캐서롤을 준비한다.

2. 커다란 프라이팬에 식용유를 두르고 중불에 올린다. 양파와 다진 마늘을 넣고 노릇해질 때까지 볶는다. 볶은 양파와 마늘을 푸드 프로세서나 믹서기로 옮겨 담고 잠시 한쪽으로 치워둔다. 양파와 마늘을 볶았던 프라이팬에 돼지고기를 넣고 모든 면이 노릇해질 때까지 굽는다. 돼지고기가 잘 구워졌다면 준비해둔 더치 오븐으로 옮겨 담는다.

3. 푸드 프로세서에 볶은 양파와 마늘, 치킨 스톡 1큰술, 향신료 전부, 꿀, 레드와인 식초를 넣고 곱게 간 다음 더치 오븐에 있는 돼지고기 위로 붓는다. 돼지고기가 모두 잠길 때까지 남은 치킨스톡을 붓는다. 뚜껑을 덮지 않은 상태로 돼지고기가 부드러워지고 소스가 걸쭉해질 때까지 2시간 동안 조리한다. 소금으로 간을 맞추고 쌀밥을 곁들어 먹는다.

"난 좋은 놈, 나쁜 놈도 아니지만 확실히 못생긴 놈은 아니야"

비스코치토

미국 남서부에서 오랫동안 살아온 콜 캐서디는 삐뚤어진 정의가 만연한 세상을 지켜보면서 옳고 그름에 대한 자신만의 기준을 세웠다. 미국 남서부의 혼란한 역사 속에서 탄생했고, 변하지 않는 독특한 맛을 가진 비스코치토 또한 그러한 캐서디의 모습을 닮았다. 캐서디는 빈틈없는 카우보이처럼 보일지 모르지만, 갓 구운 비스코치토라면 그의 빈틈을 볼 수 있다. 아무리 무자비한 카우보이라도 달콤한 쿠키 앞에선 부드러워지기 마련이다.

미국 • 캐서디

분류: 축제 음식

쿠키

- » 라드 ½컵
- » 무염버터 ¼컵, 부드럽게 해서 준비
- » 설탕 ¼컵
- » 베이킹파우더 1½작은술
- » 달걀 1개
- » 바닐라 익스트랙 ½작은술
- » 오렌지 제스트, 오렌지 1개 분량
- » 소금 한 꼬집
- » 아니스 씨드 2작은술, 으깨서
- » 중력분 1½컵

토핑

- » 설탕 ½컵
- » 시나몬 파우더 1작은술

 준비 시간: 10분
휴지 시간: 30분
굽는 시간: 10분

 분량: 약 24개

 식단: 해당사항 없음

1. 라드, 무염버터, 설탕, 베이킹파우더를 중간 크기 믹싱볼에 넣고 휘핑한다. 그 후 달걀, 바닐라 익스트랙, 오렌지 제스트, 소금, 아니스 씨드, 중력분을 넣고 뭉치는 부분이 없고 부드러운 상태가 될 때까지 반죽한다. 완성된 반죽을 비닐랩으로 싸서 30분간 숙성한다.

2. 오븐을 175°C로 예열하고 오븐팬에 유산지를 깐다. 작은 믹싱볼에 설탕과 시나몬 파우더를 섞고, 잠시 한쪽으로 치워둔다.

3. 작업대에 덧가루를 뿌린다. 밀대를 사용해 반죽을 0.5cm 정도 두께로 밀어낸다. 쿠키 커터나 칼을 사용하여 원하는 모양으로 쿠키 반죽을 자르고 준비된 오븐팬 위에 쿠키 반죽을 올린다. 쿠키의 윗면이 노릇해질 때까지 10분간 굽는다. 쿠키가 잘 구워졌다면 팬닝 된 상태로 10분간 식힌다. 쿠키가 충분히 식었다면 만들어둔 시나몬 설탕에 쿠키를 버무리고, 식힘망으로 옮겨 마저 식힌다.

팁: 비스코치토는 명절이나 축제 같은 특별한 날에 먹는 미국 남서부의 전통 음식입니다. 미국 남서부 출신이라면 누구라도 비스코치토와 관련된 어릴 적 추억 하나쯤은 가지고 있다고 합니다.

"다시 싸움판으로"

황야의 무법자

진정한 뉴멕시코 사람이라면 김이 모락모락 피어오르는 블랙 피뇽커피 한 잔으로 아침을 깨우는 것이 일반적이지만, 콜 캐서디는 조금 더 강력한 음료를 선호한다. 악명높은 술집 칼라베라스의 대표 메뉴인 '황야의 무법자'는 부드러운 목 넘김과 섬광탄처럼 짜릿한 맛이 특징이다.

미국 • 캐서디

분류: **음료**

준비 시간: 5분
칠링 시간: 1시간

분량: 2잔

식단: 글루텐 프리, 채식주의

- » 끓는 물 2컵
- » 설탕 ½컵
- » 홍차 티백 4개
- » 버번위스키 120mL, 60mL씩 나눠서 준비
- » 얼음
- » 레몬과 민트, 장식용으로

1. 내열 주전자에 끓는 물, 설탕, 홍차 티백을 넣는다. 설탕이 완전히 녹을 때까지 저어준다. 5분 정도 홍차를 우린다.

2. 티백을 건져내고 상온에서 한 시간 정도 식힌다. 홍차 힌 컵과 버번위스키 60mL을 섞은 다음 얼음을 채운 온더락잔에 붓는다. 레몬과 민트로 장식한다.

"석양이 진다"

옥수수 푸딩

푸딩이라는 이름이 붙었지만, 평소 후식으로 먹는 달콤한 푸딩과는 다르다. 톡톡 터지는 옥수수 알갱이와 고소한 버터의 풍미가 포만감을 주는 동시에 마음을 따뜻하게 만든다.

애쉬의 집사 B.O.B.은 항상 홀로 있는 어린 애쉬를 위해 종종 옥수수 푸딩을 구웠다. 지금도 B.O.B.은 열차 강도를 성공한 날이나 낯선 손님이 찾아온 날이면 누가 시키지 않아도 김이 모락모락 나는 푸딩 한 그릇을 재빨리 구워낸다.

미국 • *애쉬*

분류: *소울 푸드*

» 달걀 4개
» 생크림 1½컵
» 무염버터 ¼컵, 녹여서
» 설탕 ¼컵
» 베이킹파우더 2작은술
» 소금 1½작은술
» 밀가루 3큰술
» 타임 ½작은술
» 커민 ¼작은술
» 크러쉬드 레드 페퍼 ½작은술
» 슈레디드 체다 치즈 1컵
» 옥수수 통조림 6컵(약 680g)

준비 시간: 10분
조리 시간: 30분

분량: 6~8인분

식단: 채식주의

1. 오븐을 175℃로 예열하고, 커다란 캐서롤에 버터를 고루 바른다.
2. 커다란 믹싱볼에 달걀, 생크림, 무염버터를 넣고 휘핑한다. 그 후 설탕, 베이킹파우더, 소금, 밀가루, 향신료를 넣고 뭉치는 부분이 없도록 꼼꼼히 섞는다. 치즈와 옥수수 통조림을 넣고 모든 재료가 어우러지도록 섞는다. 푸딩 반죽을 캐서롤에 옮겨 담고, 푸딩의 윗면이 노릇해질 때까지 30분간 굽는다.

팁: 여러 개의 작은 라메킨에 나누어 구울 수도 있지만, 굽는 시간은 조금 줄일 필요가 있습니다.

"거래 성립이야"

오렌지 크렘 캐러멜

많은 사람이 크렘 캐러멜을 만드는 걸 어렵게 생각하지만, 절대 어렵지 않다. 약간의 인내심만 있으면 입안에서 사르르 녹고 은은한 오렌지 향이 나는 푸딩을 만들 수 있다. 잘 만든 크렘 캐러멜은 그 어떤 보상보다 가치 있다. 애쉬는 항상 홀로 생일과 방학을 보낸 유년의 우울한 기억 때문에 대부분의 디저트를 싫어하게 되었지만, 오렌지 크렘 캐러멜만큼은 여전히 좋아한다.

미국 • 애쉬

분류: 축제 음식

 준비 시간: 25분
굽는 시간: 25~30분
식힘 시간: 적어도 2시간 15분

 분량: 약 4개

 식단: 글루텐 프리, 채식주의

- » 백설탕 1컵
- » 물 2큰술
- » 레몬즙 2~3방울
- » 무염버터, 라메킨에 바르기 위해 조금 더 준비
- » 연유 380mL
- » 신선한 오렌지즙 ½컵
- » 생크림 또는 우유 ¼컵
- » 달걀 5개
- » 오렌지 리큐르 ¼컵
- » 베리류 과일, 장식용

1. 중간 크기 라메킨 4개를 준비한다.

2. 중간 크기 냄비에 설탕, 물, 레몬즙을 넣고 중약불에 올린다. 설탕이 완전히 녹을 때까지만 살짝 젓는다. 설탕물이 연한 호박색의 캐러멜로 변할 때까지 졸인다. 캐러멜이 완성되었다면 불에서 내리고 준비해둔 라메킨에 붓는다. 라메킨을 흔들어서 캐러멜이 라메킨 바닥에 고루 퍼지도록 한다. 완전히 식을 때까지 잠시 한쪽으로 치워둔다.

3. 오븐을 160°C로 예열한다. 캐러멜을 넣은 라메킨에 버터를 고루 바르고 오븐팬 위에 가지런히 놓는다. 중간 크기 믹싱볼에 남은 재료를 모두 넣고 뭉치는 부분이 없도록 섞어서 푸딩 반죽을 만든다.

4. 푸딩 반죽을 라메킨에 붓고 몇 번 바닥에 내리 쳐서 기포를 제거한다. 끓는 물을 오븐팬에 부어 라메킨의 중간 지점까지 잠기도록 한다.

5. 크렘 캐러멜의 가장자리는 단단하되 가운데 부분은 살짝 부드러운 상태가 되도록 30분간 굽는다. 식힘망으로 옮겨 15분간 식힌 후 냉장고에 최소 2시간 이상 숙성한다. 하룻밤 정도 숙성하면 맛과 향이 안정되고 크렘 캐러멜이 라메킨에서 잘 분리된다.

6. 크렘 캐러멜이 충분히 숙성되었다면, 각 라메킨의 바닥을 끓는 물이 담긴 접시에 3분 정도 담가 캐러멜 부분을 살짝 녹인다. 라메킨을 물에서 꺼내고 라메킨 위에 접시를 거꾸로 놓는다(접시 윗부분이 라메킨 입구에 닿아야 한다). 접시와 라메킨을 단단히 붙잡고 재빠르게 뒤집는다. 크렘 캐러멜이 잘 분리될 수 있게 위아래로 몇 번 흔든다(크렘 캐러멜이 분리되는 소리를 들어보세요!). 라메킨을 조심스럽게 들어 올린다. 크렘 캐러멜 주변으로 캐러멜이 녹아 흘러내리면 성공이다. 베리로 장식해서 완성한다.

"아직 다 보여주지도 않았는걸?"

텍사스 피즈

악명높은 데드락 저항단을 이끌며 긴 하루를 보낸 애쉬는 약간의 재정비를 통해 쌓인 피로를 풀고, 다음 목표를 향해 다시 힘차게 나아간다. 애쉬는 무자비한 두목이지만 가끔은 그녀와 어울리지 않는 탄산이 들어간 상쾌한 칵테일을 즐긴다.

미국 • 애쉬

분류: **음료**

 제조 시간: 5분

 분량: 1잔

 식단: 글루텐 프리, 채식주의

- » 진 45mL
- » 오렌지 주스 30mL
- » 그래나딘 시럽 15mL, 기호에 맞게 조금 더 준비
- » 샴페인 60~90mL
- » 얼음

1. 보스턴 셰이커에 얼음을 채우고 진, 오렌지 주스, 그레나딘 시럽을 넣는다. 몇 초간 흔들어 잘 섞은 후 스트레이너를 사용하여 하이볼잔에 붓는다.
2. 샴페인을 하이볼잔에 가득 채우고, 바 스푼으로 조심스럽게 섞는다.

"소소한 행복 정도는 누리고 살아야지"

버터밀크 팬케이크

시럽이 뚝뚝 흐르는 팬케이크를 싫어하는 사람은 아마 없을 것이다. 팬케이크만큼 푸짐하고 빠르게 만들 수 있는 아침 식사는 없다. 아무리 미숙한 요리사라도 맛있는 팬케이크를 단 몇 분 만에 산더미만큼 구워낼 수 있다.

오버워치가 해체되기 전, 잭 모리슨은 아나 아마리와 시나몬과 오렌지를 넣은 팬케이크를 아침 식사로 만들어 먹곤 했다. 오렌지 향이 더해진 팬케이크는 잠을 쫓고 정신을 맑게 해주기 때문에 임무가 있는 날 아침으로는 최고다.

미국 • 솔저: 76

분류: **에피타이저**

 준비 시간: 5분
조리 시간: 적어도 15분, 팬케이크의 크기나 팬의 종류에 따라 차이가 날 수 있음

 분량: 작은 팬케이크 12개, 커다란 팬케이크 4~6개

 식단: 채식주의자

팬케이크:
- 버터밀크 1½컵
- 무염버터 6큰술, 녹여서 준비
- 달걀 2개
- 설탕 4큰술
- 중력분 2컵
- 베이킹파우더 2작은술
- 소금 ½작은술
- 오렌지 제스트
- 시나몬 파우더 1작은술

토핑:
- 블루베리
- 딸기
- 휘핑크림
- 버터
- 메이플 시럽

1. 커다란 믹싱볼에 버터밀크, 버터, 달걀, 설탕을 넣고 섞는다. 준비한 중력분의 절반과 베이킹파우더, 소금, 오렌지 제스트, 시나몬 파우더를 넣고 뭉치는 부분이 없도록 꼼꼼히 섞는다. 국자로 쉽게 뜰 수 있는 상태가 될 때까지 남은 밀가루를 조금씩 넣어가며 반죽의 농도를 맞춘다. 달걀의 크기에 따라 밀가루나 버터밀크를 조금 더 추가해야 할 수도 있다.

2. 프라이팬을 중약불에 올린다. 프라이팬에 물방울을 떨어뜨렸을 때 굴러다녀야 제대로 예열이 된 것이다.

3. 반죽을 국자로 떠서 프라이팬에 붓는다. 작은 팬케이크는 국자의 ⅓ 정도, 큰 팬케이크는 국자를 가득 채우도록 한다. 팬케이크의 한쪽 면을 1분 30초간 굽는다. 팬케이크를 조심스럽게 뒤집고 양면이 노릇해질 때까지 1분 더 굽는다.

4. 완성된 팬케이크에 버터, 과일, 휘핑크림을 기호에 맞게 올리고, 메이플 시럽을 듬뿍 뿌려 따뜻할 때 먹는다.

"제대로된 팬케이크를 먹고 싶으면 직접 만드는게 제일이지"

테이터 탓츠 캐서롤

전형적인 중서부식 셰퍼드 파이로, 먹는 이의 마음을 따뜻하게 해준다. 미트로프, 치킨 앤드 비스킷과 더불어 모리슨 가족이 평소에 먹던 저녁 식사 메뉴 중 하나였다. 잭은 지금도 과거를 회상하며 테이터 탓츠 캐서롤을 만들곤 한다. 이 레시피는 유연성이 뛰어나서 남은 고기나 채소를 사용해도 상관없다. 진정한 군인은 가지고 있는 자원을 최대한 활용하는 법이다.

미국 • 솔저: 76

분류: 소울 푸드

- » 올리브오일 2큰술
- » 마늘 2톨, 다져서
- » 다진 소고기 600g
- » 황설탕 ¼컵
- » 토마토 페이스트 2큰술
- » 우스터 소스 1큰술
- » 말린 세이보리 ½작은술
- » 냉동 채소 믹스 1컵
- » 소금과 후추, 기호에 맞게 준비
- » 슈레디드 체다 치즈 1½컵
- » 냉동 맛감자 900g

 준비 시간: 15분
굽는 시간: 35분

 분량: 4~6인분

 식단: 글루텐 프리

1. 오븐을 220°C로 예열하고 가로 20cm, 세로 30cm 크기의 캐서롤을 준비한다.

2. 커다란 프라이팬에 올리브오일을 두르고 중불에 올린다. 다진 마늘을 넣고 노릇해질 때까지 볶는다. 다진 소고기를 프라이팬에 넣고 뭉치는 부분이 없고 진한 갈색이 될 때까지 볶는다. 마지막으로 황설탕, 토마토 페이스트, 우스터 소스, 세이보리, 냉동 채소 믹스를 넣는다. 모든 재료가 어우러지도록 섞은 다음 소금과 후추로 간을 맞춘다. 불에서 내리고 준비된 캐서롤로 옮겨 담는다.

3. 고기와 채소 혼합물 위에 슈레디드 체다 치즈를 골고루 뿌리고 냉동 맛감자를 가지런히 올린다. 오븐으로 옮겨 맛감자가 바삭해질 때까지 30분간 굽는다. 좀 더 바삭한 식감을 원한다면 브로일러 아래에서 5분 정도 추가로 굽는 것도 좋지만, 타지 않도록 계속 지켜보도록 한다. 케첩이나 다른 소스를 곁들여서 뜨거울 때 먹는다.

"쉐프님이라고 불러"

후저 크림 파이

미국 중서부 사람들은 신선한 과일을 쉽게 구할 수 없는 겨울에도 맛있는 파이를 만들 여러 가지 방법을 고안해냈지만, 인디애나주의 크림 파이보다 더 나은 해결책은 없었다. 일 년 내내 똑같은 맛으로 만들 수 있고, 향긋한 에그노그의 풍미를 가지고 있다. 후저 크림 파이는 잭이 전 남자친구 빈센트와 주말마다 즐겨 먹던 간식 중 하나였다.

미국 • 솔저: 76

분류: 소울 푸드

 준비 시간: 1시간 15분
굽는 시간: 25분

 분량: 파이 1개, 약 8인분

 식단: 채식주의

파이지:
- » 중력분 1¼컵
- » 설탕 1큰술
- » 소금 한꼬집
- » 무염버터 6큰술
- » 얼음물 ⅓컵

필링:
- » 우유 1½컵
- » 생크림 1½컵
- » 백설탕 1컵
- » 넛맥가루 ¼작은술
- » 옥수수 전분 ¼컵
- » 소금 한 꼬집
- » 바닐라 익스트랙 1작은술
- » 무염버터 2큰술
- » 시나몬 파우더와 넛맥가루, 토핑용

파이지 반죽하기:

1. 작은 믹싱볼에 중력분, 설탕, 소금을 넣고 섞는다. 거친 빵가루와 같은 질감이 될 때까지 버터를 조금씩 넣어가며 반죽한다. 그 후 반죽이 뭉쳐지기 시작하는 상태가 될 때까지 얼음물을 조금씩 넣어가며 반죽한다. 반죽을 공 모양으로 빚고, 비닐랩으로 감싼 다음 최소 한 시간 이상 숙성한다.

필링 만들기:

2. 중간 크기 냄비에 우유, 생크림, 설탕, 넛맥가루, 옥수수 전분, 소금을 넣고 섞는다. 필링이 바닥에 눌어붙지 않도록 계속 저어주면서 걸쭉해질 때까지 10분간 시머링한다. 불에서 내리고 바닐라 익스트랙과 버터를 넣고 섞는다. 잠시 한쪽으로 치워둔다.

3. 오븐을 190°C로 예열한다. 숙성한 파이지를 원형으로 늘려 버터를 바른 타르트팬 위에 올린다. 꾹꾹 눌러서 파이지를 타르트팬 모양에 맞게 만든 뒤 남는 부분은 예리한 칼로 잘라낸다. 굽는 동안 파이지가 부풀어 오르지 않게 파이지 군데군데를 포크로 찍는다. 파이지가 연한 갈색이 될 때까지 10분간 굽는다. 완성된 파이지에 필링을 절반가량 채운다. 다시 오븐에 넣고 15분간 굽는다. 오븐에서 꺼내 필링이 완전히 굳을 때까지 최소 8시간에서 하룻밤 동안 식힌다. 시나몬 파우더와 넛맥가루를 살짝 뿌려 완성한다.

"눈 감고도 하겠는데?"

THE 76 쉐이크

얼음처럼 차가운 밀크쉐이크만큼 여름을 잘 표현하는 음료도 없다. 잭이 태어나고 자란 인디애나주 블루밍턴의 여름은 살인적인 더위를 자랑한다. 무더운 여름날, 잭은 농장에서 하루 종일 일한 후 동네 아이스크림 가게에서 친구들과 밀크쉐이크를 먹으며 더위를 달랬다.

미국 • 솔저: 76

분류: **음료**

- » 생크림 1½컵
- » 화이트초콜릿 칩 1컵
- » 빨강색, 파랑색, 하얀색 스프링클
- » 빨강 식용 색소
- » 파랑 식용 색소
- » 우유 2컵
- » 바닐라 아이스크림 8스쿱
- » 바닐라 익스트랙 1작은술

 제조 시간: 15분   분량: 2잔   식단: 글루텐 프리, 채식주의자

1. 생크림 ½컵과 화이트초콜릿을 작은 믹싱볼에 넣고 섞는다. 초콜릿이 모두 녹을 때까지 중간중간 저어주면서 전자레인지에 20초씩 여러 번 돌린다. 커다란 유리잔 두 개를 준비한다. 유리잔의 가장자리를 녹인 화이트초콜릿에 담그고 스프링클을 뿌려서 알록달록한 주둥이를 만든다.

2. 빨간색 식용 색소를 1에서 사용하고 남은 화이트초콜릿 생크림과 섞는다. 숟가락이나 짤주머니를 사용하여 유리잔 안쪽에 빨간색 줄무늬를 긋는다. 유리잔을 냉동실에 넣어 차갑게 보관한다.

3. 남은 생크림 한 컵과 파랑 식용색소를 중간 크기 믹싱볼에 넣는다. 뻣뻣한 뿔이 만들어질 때까지 핸드 믹서로 1~2분간 휘핑한다. 잠시 한쪽으로 치워둔다.

4. 우유, 아이스크림, 바닐라 익스트랙을 믹서기에 넣고 부드럽게 간다. 완성된 밀크쉐이크를 준비된 유리잔에 붓고 파란색 휘핑크림을 얹은 후 빨대와 함께 제공한다.

팁: 다양한 색상의 식용 색소와 스프링클을 사용해 좋아하는 오버워치 프로팀을 응원할 수 있습니다!

"정신 차려!"

아침식사용 퀘사디아

퀘사디야는 가브리엘 레예스가 로스앤젤레스에서 경찰관으로 근무할 때 자주 먹었던 아침식사 중 하나이다. 쉽게 만들 수 있고 단백질 함량도 높다. 그 어떠한 환경에도 적응하는 블랙워치 타격팀처럼 이 레시피는 쉽게 변형할 수 있다. 여기서는 채식주의자 버전을 소개하고 있지만, 레예스는 초리소를 넣어 먹는 걸 좋아한다.

미국 · 리퍼

분류: 에피타이저

 준비 시간: 5분
조리 시간: 10분

 분량: 퀘사디아 1개

 준비 시간: 채식주의

- » 달걀 2개
- » 핫소스
- » 소금 한꼬집
- » 후추 한꼬집
- » 검정 통조림 강낭콩 ½컵, 물에 한번 헹구고 물기를 제거해서
- » 무염버터 2큰술
- » 지름 20cm 크기 밀 또띠아 2장
- » 체다 치즈 ½컵, 갈아서
- » 아보카도 ½개, 깍둑썰어서
- » 대파 1큰술, 다져서
- » 고수 1큰술, 다져서

1. 작은 믹싱볼에 달걀을 풀고 핫소스, 소금, 후추로 간을 맞춘 후 강낭콩을 넣는다.

2. 프라이팬에 버터를 중불로 녹인 후 1에서 만든 달걀물을 붓는다. 달걀이 적당히 익을 때까지 계속 저으면서 스크램블한다. 익힌 달걀을 깨끗한 믹싱볼로 옮긴다.

3. 깨끗한 프라이팬에 또띠아 한 장을 올리고 중불로 가열한다. 또띠아 위에 체다 치즈의 절반을 덜어 펴 바르고 치즈가 녹을 때까지 굽는다.

4. 치즈 위에 익힌 달걀을 골고루 펴 바르고 아보카도, 대파, 고수를 올린다. 그 위에 남은 치즈를 뿌리고 다시 또띠아 한장을 올린다. 또띠아를 살짝 눌러 고정한다.

5. 불을 약불로 줄이고 퀘사디아의 양면이 노릇하고 바삭해질 때까지 3분 정도 뒤집어 가며 굽는다. 잘 구워진 퀘사디아를 도마로 옮기고 삼각형으로 자른다.

팁: 여러분도 좋아하는 소시지나 다른 종류의 콩과 치즈를 추가해보세요!

"살얼음 위에 서있군"

칠리 콘 케소

칠리 콘 케소는 따뜻하고 담백한 멕시코 요리이다. 또띠아 칩을 곁들여서 먹는 방법으로 미국에서도 많은 사랑을 받고 있다. 모이라를 만난 후 레예스는 신체적으로든 심적으로든 많은 변화가 있었지만, 지치고 힘든 날 먹는 케소 한 그릇은 그의 어두운 마음을 잠시나마 따뜻하게 해준다.

미국 • *리퍼*

분류: **소울 푸드**

- » 무염버터 3큰술
- » 작은 양파 1개, 깍둑썰어서
- » 할라피뇨 1개, 씨를 제거하고 깍둑썰어서
- » 마늘 4톨, 다져서
- » 밀가루 3큰술
- » 우유 1컵
- » 생크림 1컵 생크림
- » 커민 ¼작은술
- » 소금 ¼작은술
- » 샤프 체다 치즈 110g, 갈아서
- » 페퍼 잭 치즈 110g, 갈아서
- » 직화로 구운 토마토 ⅓컵, 깍둑썰어서

 준비 시간: 5분
조리 시간: 20분

 분량: 6~8인분

 준비 시간: 채식주의

1. 중간 크기 냄비를 중불에 올리고 버터를 녹인다. 양파, 할라피뇨, 다진 마늘을 넣고 양파가 투명해질 때까지 10분간 볶는다. 그 후, 밀가루를 넣고 밀가루가 버터를 완전히 흡수할 때까지 뭉치는 부분이 없도록 골고루 섞는다.

2. 냄비에 우유와 생크림을 천천히 붓고 걸쭉해질 때까지 휘저으면서 시머링한다.

3. 불에서 내리고 커민과 소금으로 간을 맞춘다. 마지막으로 치즈와 구운 토마토를 넣고 섞는다. 또띠아 칩을 곁들여 식기 전에 먹는다.

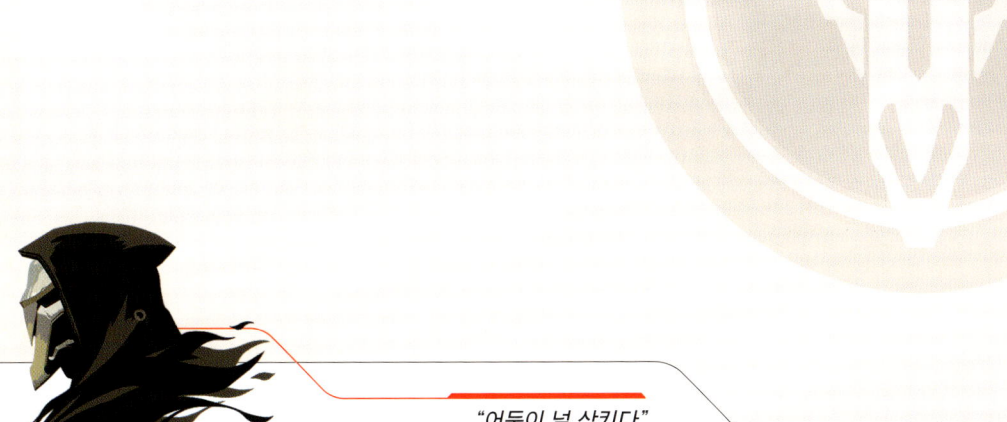

"어둠이 널 삼킨다"

카예타 츄러스

지금은 상상하기 어렵지만, 가브리엘 레예스는 오버워치 요원이었던 시절 임무를 성공적으로 마친 후 옛 동료인 아나 아마리와 츄러스 한 접시를 나눠 먹으며 이야기꽃을 피우곤 했다. 겉은 바삭하고 속은 쫄깃한 츄러스는 모든 사람에게 설탕이 주는 즐거움을 선사한다. 또한 카예타는 다른 캐러멜과는 달리, 진한 야생적인 풍미를 자랑한다. 만드는 데 시간이 좀 걸리지만 그만한 가치가 있다.

미국 • 리퍼

분류: **축제 음식**

츄러스:
- » 설탕 ½컵, 1½큰술을 추가로 준비
- » 시나몬 파우더 1½작은술
- » 식용유 2큰술
- » 물 1컵
- » 소금 ½작은술
- » 중력분 1컵
- » 튀김용 식용유

카예타:
- » 염소젖 950mL
- » 설탕 1컵
- » 시나몬 스틱 1개
- » 소금 ½작은술
- » 바닐라 익스트랙 2작은술
- » 베이킹 소다 ½작은술

준비 시간: 츄러스 10분
카예타 2시간
조리 시간: 20분

분량: 4인분

준비 시간: 채식주의

츄러스 만들기:

1. 설탕 ½컵과 시나몬 파우더를 얕은 쟁반에 넣고 섞은 후 잠시 한쪽으로 치워둔다.

2. 쟁반에 키친타월을 깔고 잠시 한쪽으로 치워둔다. 중간 크기 냄비에 5cm 깊이로 식용유를 붓는다. 중불에 올리고 식용유를 190°C까지 가열한다.

3. 다른 냄비에 물, 남은 설탕, 소금, 식용유 2큰술을 넣는다. 중불에 올려 설탕이 녹고, 물이 끓기 직전까지 가열한다. 불에서 내리고 중력분을 넣는다. 뭉치는 부분이 없도록 꼼꼼히 섞는다. 따뜻한 반죽을 커다란 별 모양 깍지가 달린 짤주머니에 담는다.

4. 냄비의 식용유가 알맞게 달궈지면 짤주머니를 사용해 츄러스 반죽을 10cm 길이로 짜서 떨어뜨린다. 이때 가위를 사용하면 편하다. 츄러스의 모든 면이 노릇해질 때까지 튀긴다. 완성된 츄러스는 키친타월을 깔아 놓은 쟁반에 옮겨 기름기를 제거한 다음 시나몬 설탕을 묻혀준다.

카예타 만들기:

5. 염소젖과 설탕을 깨끗한 냄비에 넣고 중강불에 올린다. 시나몬 스틱, 소금, 바닐라 익스트랙을 넣고 눌어붙지 않게 저으면서 10분간 졸인다.

6. 불에서 내리고 베이킹 소다를 넣는다. 일시적으로 거품이 일겠지만, 다시 가라앉을 때까지 계속 젓는다. 거품이 가라앉으면, 다시 약불에 올리고 1시간가량 쉬지 않고 저으면서 걸쭉해지고 짙은 갈색이 될 때까지 졸인다.

7. 시나몬 스틱을 제거하고, 40분 정도 바닥에 눌어붙지 않도록 저으면서 더 졸인다. 카예타에 숟가락을 담갔다 뺐을 때 흘러내리지 않을 정도로 적당히 걸쭉해졌다면 완성이다.

"복수는 달콤해"

데스 사이드

가브리엘 레예스는 블랙워치 사령관 시절 비밀 작전을 성공적으로 완수하기 위해 때로는 불합리한 선택을 해야 했다. 가브리엘 레예스는 베니스 사건과 같이 특히 어려운 작전을 완수하고 깔루아와 시나몬 위스키, 트리플 섹을 섞어 만든 칵테일을 마시며 긴장을 풀곤 했다.

미국 · 리퍼

분류: **음료**

제조 시간: 5분　　분량: 1잔　　식단: 글루텐 프리, 채식주의

- 깔루아 30mL
- 시나몬 위스키 15mL
- 트리플섹 15mL
- 그레나딘 시럽 1mL
- 앙고스투라 비터즈 몇 방울, 취향껏
- 얼음

1. 깔루아, 시나몬 위스키, 트리플섹을 얼음을 채운 온더락잔에 넣고 바 스푼으로 섞는다.
2. 그레나딘 시럽을 넣어 색감을 더하고 앙고스투라 비터즈 몇 방울로 마무리한다.

"사신이 두렵지 않나?"

모예테

콩과 치즈가 듬뿍 들어간 오픈 샌드위치는 빠르게 만들 수 있고 만들 수 있고, 취향에 맞게 쉽게 변형할 수 있다. 바삭바삭한 빵이 볶은 콩과 만나 끈적끈적한 치즈를 보완하고 살사 소스는 산뜻한 산미를 더한다.

somebra는 이 샌드위치를 좋아해서 아지트의 키보드와 모니터 옆에 항상 한 접시를 챙겨둔다. 일하면서 먹기에는 다소 지저분할 수 있지만, 아무리 세계에서 가장 뛰어난 해커일지라도 정보를 수집하고 해킹할 때는 영양가 있는 음식이 필요한 법이다.

멕시코 • 솜브라

분류: 에피타이저

- » 중간 크기 샌드위치용 바게트 3개, 볼리요 바게트가 좋다, 세로로 길게 잘라서
- » 무염버터 3큰술, 부드럽게 해서 준비
- » 리프라이드 빈 통조림 450g
- » 초리소 450g, 케이싱을 제거해서
- » 슈레디드 치즈 ½컵, 모짜렐라, 오악사카, 채더치즈 등등
- » 피코 데 가요 ½컵, 또는 다른 살사 소스를 기호에 맞게 준비
- » 아보카도 1개, 얇게 슬라이스 해서

 조리 시간: 15분 분량: 2~4인분 식단: 해당 사항 없음

1. 얇게 썬 바게트 위에 버터를 바르고 양면이 바삭하고 먹음직스러운 갈색이 될 때까지 굽는다. 잘 구워진 바게트 위에 리프라이드 빈을 펴 바르고 잠시 한쪽으로 치워둔다.

2. 중간 크기 프라이팬에 초리소를 부수어 넣고 먹음직스러운 갈색이 될 때까지 5분간 볶는다. 구운 바게트 위에 볶은 초리소를 올리고 치즈를 적당량 뿌린다. 치즈가 녹을 때까지 그릴 아래에서 굽는다. 살사 소스와 얇게 썬 아보카도를 얹어 완성한다.

"누구에게나 약점이 있지"

아즈텍 수프

이 고전적인 멕시코 스타일 수프는 곁들여 먹는 튀긴 또띠아 조각에서 이름이 유래되었다. 다양한 종류의 고추가 어우러진 감칠맛 넘치는 국물은 어떠한 토핑과도 잘 어울린다. 옴닉 사태의 여파로 부모를 잃은 솜브라는 복잡한 시스템을 해킹하는 법을 배우면서 이 수프로 끼니를 때우곤 했다. 솜브라는 도라도에 있는 은신처 근처 작은 가게에서 아즈텍 수프를 팔고 있다는 사실에 감격했다고 한다.

멕시코 · 솜브라

분류: 소울 푸드

 준비 시간: 5분
조리 시간: 20분

 분량: 2~3인분

 식단: 글루텐 프리

수프:
- » 올리브오일 1큰술
- » 중간 크기 양파 1개, 깍둑썰어서
- » 마늘 3톨, 다져서
- » 직화로 구운 토마토 2컵, 깍둑썰어서
- » 말린 빠시아 고추 4개, 꼭지와 씨를 제거해서
- » 치킨 스톡 6~8컵
- » 말린 오레가노 1작은술
- » 에파조테 또는 고수 1작은술, 다져서
- » 올리브잎 2장
- » 옥수수 또띠아 2장
- » 식용유
- » 소금과 후추, 기호에 맞게 준비

토핑:
- » 몬테레이 잭 치즈 또는 퀘소 블랑코 치즈, 잘게 조각내서
- » 사워크림
- » 중간 크기 아보카도 ½개, 깍둑썰어서
- » 라임 조각

1. 중간 크기 냄비에 올리브오일을 두르고 중불에 올린다. 양파와 마늘이 부드러워질 때까지 2분간 볶는다. 강불로 올리고 고추, 치킨 스톡, 허브를 넣는다. 치킨 스톡이 끓기 시작하면, 불을 중약불로 줄이고 20분간 끓인다.

2. 수프가 끓는 동안, 준비한 또띠아를 얇게 채썬다. 프라이팬에 식용유를 두른 후 또띠아 조각을 넣고 노릇하게 튀긴다. 키친타월이 깔린 접시에 건져 기름기를 빼고, 잠시 한쪽으로 치워둔다.

3. 수프가 완성되면 소금과 후추로 간을 맞춘다. 수프를 원하는 크기의 그릇에 담고 튀긴 또띠아 조각, 사워크림, 아보카도, 여러분이 좋아하는 여러 토핑을 올린다. 라임즙을 조금 뿌린 후 식기 전에 먹는다.

"어떤 레시피든 해킹할 수 있어…"

콘차스

이 아름다운 빵은 도라도에 위치한 알레한드라의 빵집의 숨은 명물이다. 바삭하고 화려한 색상의 설탕 크러스트는 이름에서도 알 수 있듯이 조개껍데기와 닮았다. 맛 또한 부드럽고 달콤해서 따뜻한 차나 커피 한 잔과 함께 즐기기에 완벽하다.

솜브라는 임무 성공을 기념할 때 동네 빵집에서 사 온 콘차스를 즐겨 먹는다. 모니터 앞에 앉아 성공만큼이나 달콤한 디저트를 먹으며 모든 적의 최신 정보를 주시한다.

멕시코 • 솜브라

분류: **축제 음식**

준비 시간: 20분
발효 시간: 1시간 30분
굽는 시간: 15분~18분

분량: 콘차스 12개

식단: 해당 사항 없음

반죽:
- 따뜻한 우유 1컵
- 무염버터 ⅓컵, 녹여서 준비 (또는 라드 ¼컵)
- 설탕 ⅓컵
- 액티브 드라이 이스트 2작은술
- 소금 한 꼬집
- 달걀 1개
- 중력분 3½컵, 덧가루용으로 조금 더 준비

토핑:
- 무염버터 ¼컵, 부드럽게 해서 준비
- 백설탕 ⅓컵
- 바닐라 익스트랙 ½작은술
- 중력분 ½컵
- 식용색소, 좋아하는 색으로

반죽 만들기:

1. 커다란 믹싱볼에 따뜻한 우유, 버터, 설탕을 넣고 섞는다. 이스트, 소금, 달걀을 넣고 중력분을 조금씩 넣어가며 믹싱볼에 달라붙지 않고, 잘 뭉쳐지는 상태가 될 때까지 반죽한다.

2. 덧가루를 살짝 뿌린 작업대 위에 반죽을 올리고, 반죽을 찔렀을 때 다시 튀어 오르는 상태가 될 때까지 반죽한다. 반죽을 다시 믹싱볼에 넣고 비닐랩을 씌운 후 따뜻한 곳에서 1시간가량 발효시킨다.

토핑 만들기:

3. 반죽이 발효되는 동안, 설탕 토핑을 만든다. 중간 크기 믹싱볼에 버터, 설탕, 바닐라 익스트랙을 넣고 휘핑한다. 쉽게 뭉쳐지는 상태가 될 때까지 밀가루를 조금씩 넣어가며 반죽한다. 취향에 따라 식용 색소를 섞는다. 반죽을 삼등분한 후 각 반죽을 공 모양으로 빚는다.

4. 밀대를 사용해 각 토핑 반죽을 두께 1cm 이하로 얇게 편다. 쿠키 커터나 작은 유리잔을 사용하여 지름 2.5cm~5cm의 원형으로 잘라낸다.

완성하기:

5. 오븐을 190°C로 예열한다.

6. 발효된 반죽을 12 등분한다. 반죽들을 공 모양으로 조심스럽게 빚는다. 반죽을 유산지를 깔아놓은 오븐팬 위에 간격을 띄워 배치하고 반죽의 윗부분에 물을 바른다.

7. 완성된 토핑 반죽을 물을 발라둔 반죽들 윗부분에 올린다. 모든 반죽이 덮일 때까지 반복한다. 그 상태로 30분가량 2차 발효시킨다.

8. 빵의 겉면이 먹음직스러운 황금색으로 변할때까지 190°C에서 18분 동안 굽는다. 식힘망으로 옮겨 2~3분간 식힌다. **뿜!** 완성이다!

도라도 선셋

도라도 해변은 아름다운 석양을 보기 위해 전 세계에서 몰려든 관광객들로 북적인다. 그 선명한 석양의 모습을 이 레이어드 칵테일에 담았다. 컵 바닥에 깔린 메즈칼이 주는 짜릿한 맛은 은신한 솜브라처럼 치명적이다. 과일 향과 풍미가 가득한 도라도 선셋은 복잡한 시스템의 해킹을 성공한 후 오래간만에 쉬는 저녁, 한 모금 마시기 좋은 칵테일이다.

칼라베라스 바의 바텐더가 단골이자 최고의 엘리트 해커인 솜브라를 솜브라만을 위해 특별히 메스칼을 기주로 한 칵테일을 만들었다.

멕시코 · 솜브라

분류: **음료**

 제조 시간: 5분   준비 시간: 1잔   식단: 글루텐 프리, 채식주의

- » 크러쉬드 아이스
- » 메즈칼 또는 데킬라 30mL
- » 오렌지 주스 90mL
- » 레몬/라임 탄산음료 90mL
- » 프리클리 페어 시럽 또는 그라다닌 시럽 1mL
- » 감귤류 슬라이스, 가니쉬(선택 사항)

1. 하이볼잔에 크러쉬드 아이스를 반쯤 채운다. 메스칼을 바닥에 붓고 오렌지 주스, 탄산음료를 순서대로 붓는다. 그 후 프리클리 페어 시럽을 살짝 뿌린 후 좋아하는 과일을 가니쉬로 올려 마신다!

팁: 무알코올 버전을 원한다면, 메스칼을 생략하세요.

"한잔해야겠네"

팡 지 케이주

가볍고 폭신폭신하며 치즈의 풍미가 가득하다. 한번 먹기 시작하면 절대로 멈출 수 없다. 전통적으로 밀가루가 아닌 카사바 가루로 만들기 때문에 글루텐 프리를 찾는 사람들 사이에서 인기를 얻고 있다.

　팡 지 케이주는 쉽고 빠르게 만들 수 있어 루시우를 포함한 많은 브라질 가정에서 즐겨 먹는다. 루시우는 녹음 중간중간에 식사 대용으로 먹거나 아이스하키 경기를 보러 갈 때 간식으로 챙겨간다고 알려져 있다.

브라질 • 루시우

분류: *에피타이저*

- » 우유 1컵
- » 식용유 ¼컵
- » 무염버터 ¼컵
- » 소금 1작은술
- » 타피오카 또는 카사바 가루 2컵
- » 달걀 2개
- » 파마산 치즈 가루 1컵, 갈아서
- » 체다 치즈 ½컵, 가늘게 갈아서

준비 시간: 10분
굽는 시간: 25분

분량: 약 15개

식단: 글루텐 프리, 채식주의

1. 오븐을 220°C로 예열하고 오븐팬에 유산지를 깐다.

2. 냄비를 중불에 올리고, 우유, 식용유, 버터, 소금을 넣고 섞는다. 우유를 끓기 바로 직전까지 가열한 후 불에서 내린다. 냄비에 타피오카나 카사바 가루를 넣고 뭉치는 부분이 없도록 꼼꼼히 섞는다.

3. 반죽을 중간 크기 믹싱볼에 옮긴다. 반죽이 식을 수 있게 핸드 믹서로 1분 정도 저어준 다음 달걀을 하나씩 넣어가며 섞는다. 달걀이 완전히 섞였다면 치즈를 넣고 뭉치는 부분이 없도록 꼼꼼히 섞는다.

4. 반죽을 떼어 대략 골프공 크기의 공 모양으로 만들고, 준비된 오븐팬 위에 간격을 두고 올린다.

5. 반죽이 부풀어 올라 황금빛 갈색이 될 때까지 25분간 굽는다. 식힘망으로 옮겨 1~2분간 식힌다. 팡 지 케이주는 만든 당일 먹는 게 가장 맛있다.

"힘내, 우린 할 수 있어!"

모케카

모케카는 일반적으로 카사바 가루로 만든 파로파와 매콤한 피리피리 소스를 곁들여 먹는 맛있는 생선 스튜이다. 해안 도시 리우데자네이루에서 자란 루시우는 항상 신선한 생선을 접할 수 있었고, 루시우의 부모님은 팔고 남은 생선으로 다양한 요리를 만들어 주곤 했다. 모케카는 루시우가 가장 좋아하는 생선 요리이다.

브라질 • 루시우

분류: **소울 푸드**

준비 시간: 15분
재우는 시간: 25분
조리 시간: 40분

분량: 4인분

식단: 글루텐 프리

- » 흰살생선(대구, 해덕 대구 등), 450g, 깍둑썰어서
- » 라임즙, 2개 분량
- » 올리브유 ¼컵
- » 중간 크기 양파 1개, 깍둑썰어서
- » 할라피뇨 1개, 씨를 제거하고 얇게 썰어서
- » 마늘 3톨, 다져서
- » 피시 스톡 또는 치킨 스톡 2컵
- » 통조림 토마토 400g, 다져서
- » 코코넛 밀크 1½컵
- » 새우 10마리 정도, 내장과 꼬리를 제거해서
- » 곁들여 먹을 고수와 파슬리, 잘게 다져서

1. 작은 믹싱볼에 생선과 라임즙을 넣고 섞는다. 라임즙에 생선을 25분간 재운다.

2. 중간 크기 냄비를 중불에 올리고 올리브유를 두른다. 양파, 할라피뇨, 마늘을 넣고 향이 올라오고 부드러워질 때까지 5분간 볶는다. 피시 스톡, 토마토, 코코넛 밀크를 넣고 끓기 시작하면 뚜껑을 덮고 20분간 끓인다. 20분 뒤 새우와 라임즙에 재워둔 생선을 넣는다.

3. 생선과 새우가 익을 때까지 10분 정도 더 끓인다. 잘게 썬 고수와 파슬리를 곁들여 뜨거울 때 먹는다.

"예~ 바로 이거지!"

브리가데이루

이 유쾌하고 단순한 초콜릿 트러플은 2차 세계대전 이후, 브라질에서 한 과자 장수가 자신이 지지하는 정치인 후보를 홍보하기 위해 만들었다. 당시 브라질에는 신선한 우유와 설탕이 부족했기 때문에 연유로 초콜릿을 만든 게 특징이다. 어린 시절 루시우는 달콤한 브리가데이루를 배불리 먹고 싶은 게 소원이었다. 당시 루시우의 집은 너무나도 가난하여 브리가데이루와 같은 저렴한 간식도 생일과 같은 특별한 날에만 먹을 수 있었다.

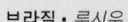

브라질 • 루시우

분류: **축제 음식**

 준비 시간: 10분
식힘 시간: 2시간

 분량: 12개

 식단: 글루텐 프리, 채식주의

브리가데이루:
- » 무염버터 1큰술, 조금 더 준비
- » 코코아 파우더 3큰술
- » 연유 400g
- » 소금 한 꼬집

토핑:
- » 스프링클
- » 견과류, 잘게 부셔서
- » 코코넛 분말

1. 작은 믹싱볼에 버터를 고루 바르고 잠시 한쪽으로 치워둔다. 커다란 코팅팬에 코코아 파우더, 연유, 버터, 소금을 넣고 중약불에 올린다. 모든 재료가 잘 섞이도록 휘저어 준다. 연유 반죽이 상당히 걸쭉해져 팬에서 덩어리지기 시작하면 불에서 내린다.

2. 연유 반죽을 준비된 믹싱볼에 옮겨 담고, 적어도 한 시간 동안 식힌다. 두 시간 이상 식히면 더욱 좋다.

3. 브리가데이루를 만들기 전에 먼저 원하는 토핑을 작은 그릇 몇 개에 담는다. 작은 숟가락으로 연유 혼합물을 떠서 2.5cm 크기의 공 모양으로 빚는다. 원하는 토핑이 담긴 그릇에 굴린 후, 미니 컵케이크 유산지 위에 올린다. 연유 반죽을 모두 사용할 때까지 반복한다.
바로 먹어도 맛있지만, 차갑게 식혀서 먹으면 더욱 맛있다.

"한 템포 빠르게!!"

리모나다

달콤하고 부드러우며 상쾌한 리모나다는 루시우가 야외 콘서트 도중 수분과 당분을 보충하기 위해 즐겨 찾는 음료이다. 브라질에서는 라임을 주로 사용하지만, 레몬을 사용해도 상관없다. 이 레시피에서 연유를 카샤사로 바꾸기만 하면 브라질의 국민 칵테일인 카이피리냐를 만들 수 있는데, 공연을 성황리에 마친 날이면 루시우는 뒤풀이로 카이피리냐를 마시곤 한다. 이 음료를 어떻게 마시든 간에 브라질의 열기를 느낄 수 있다.

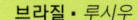

브라질 • 루시우

분류: **음료**

 제조 시간: 5분

 분량: 2잔

 식단: 글루텐 프리, 채식주의

- » 신선한 라임 3개
- » 연유 ⅓컵
- » 설탕 ⅓컵
- » 차가운 물 2~4컵, 기호에 맞게 필요한 만큼 준비
- » 얼음

1. 라임을 반으로 자른다. 중간 크기 믹싱볼이나 주전자에 라임즙을 짜낸다. 연유, 설탕, 물 2컵을 넣고 완전히 섞이도록 젓는다. 체에 걸러 피처에 옮긴다. 남은 물로 기호에 맞게 농도를 조절하고, 얼음을 채운 유리잔에 담아 마신다.

"오우! 거점에서 파티 할 사람? 하하!"

아프리카

 **아나**
- » 팟투시 샐러드 — 57
- » 렌틸콩 수프 — 59
- » 움 알리 — 61

 파라
- » 킵바 — 63
- » 캐네디안 버터 타르트 — 65
- » 살랩 — 67

 **둠피스트**
- » 졸로프 라이스 — 69
- » 슈쿠 슈쿠 — 71
- » 펀치 드렁크 펀치 — 73

 **오리사**
- » 퍼프 퍼프 — 75
- » 오리사 썬데 아이스크림 — 77
- » 히비스커스차 — 79

팟투시 샐러드

오버워치 정예 요원 중 한 명인 아나는 평생 임무와 훈련을 반복했기에 요리를 배울 시간이 거의 없었다. 상큼한 팟투시 샐러드는 아나가 작전에 임하기 전에 빠르게 만들어 먹을 수 있는 효율적인 한 끼 식사였다.

팟투시 샐러드에는 바삭한 피타 빵이 토핑으로 올라가는데, 먹다 남은 피타 빵을 활용할 수 있는 좋은 방법이다. 또한, 중동에서 흔히 볼 수 있는 향신료인 수막은 이 요리에서 가장 중요한 재료로, 중동 또는 지중해 지역 국가의 시장에서 쉽게 구할 수 있다.

이집트 • *아나*

분류: *에피타이저*

 준비 시간: 10분   분량: 1~2인분   식단: 채식주의

샐러드:
- 피타 빵 또는 그루통, 토핑용
- 양상추 ¼개, 작게 썰어서
- 민트잎 1컵, 작은 크기로 찢어서 준비
- 이탈리안 파슬리 1컵, 작은 크기로 찢어서 준비
- 중간 크기 토마토 2개, 깍둑썰어서
- 오이 1개, 껍질을 벗기고 깍둑썰어서
- 페타치즈 약 ¼컵

드레싱:
- 수막 2작은술
- 레드와인 식초 1~2큰술
- 올리브유 ⅓컵

1. 오븐을 175°C로 예열한다. 피타 빵을 오븐에 넣고 바삭해질 때까지 5~10분 정도 굽는다. 잘 구워진 피타 빵은 여러 조각으로 찢어서 잠시 한쪽으로 치워 둔다.

2. 커다란 믹싱볼에 샐러드용 채소들을 넣고 골고루 섞이도록 버무린다. 토마토, 오이, 피타 빵 조각들을 채소 위에 얹는다.

3. 작은 믹싱볼에 수막, 레드와인 식초, 올리브유를 넣고 섞어 드레싱을 만든다. 먹기 전에 드레싱을 샐러드 위에 뿌린다.

"누군간 본보기가 돼야지"

렌틸콩 수프

렌틸콩 수프는 아무리 엄격한 군인 집안도 따뜻하고 평화롭게 만들어 주는 든든한 한 끼 식사이다. 아나는 격렬한 무술 훈련이 끝나고 퇴근하면 어린 파리하를 위해 렌틸콩 수프를 만들곤 했다. 파리하가 아무것도 먹기 싫다고 떼쓰는 밤에도 아나는 든든한 렌틸콩 수프를 만들어 주었다. 엄마는 말하지 않아도 아는 법이다.

이집트 • *아나*

분류: **소울 푸드**

» 무염버터 2큰술
» 큰 양파 1개, 껍질을 벗기고 깍둑썰어서
» 마늘 4톨, 껍질을 벗기고 깍둑썰어서
» 중간 크기 당근 1개, 깍둑썰어서
» 말린 레드 렌틸콩 1½컵, 한번 행궈서
» 토마토 페이스트 ¼컵
» 커민 가루 1작은술
» 터머릭 가루 ½작은술
» 치킨 스톡 5컵
» 생크림 ½컵
» 자타르, 알레포 고추, 후추, 소금 또는 타임, 오레가노, 마조람 같은 향신료, 기호에 맞게 준비

 준비 시간: 5분
조리 시간: 20~30분

 분량: 10인분

 식단: 글루텐 프리

1. 중간 크기 냄비에 버터를 넣고 중불로 녹인다. 양파와 마늘을 넣고 양파가 투명해지고 마늘이 노릇해질 때까지 몇 분간 볶는다.

2. 냄비에 당근, 렌틸콩, 토마토 페이스트, 향신료를 넣고 섞는다. 치킨 스톡을 넣고 당근이 부드러워지고 렌틸콩이 불어 터질 때까지 30분간 끓인다.

3. 불을 약불로 낮추고 핸드블렌더를 사용해 수프를 곱게 간다. 마지막으로 생크림을 넣고 젓는다. 자타르, 알레포 고추, 후추, 소금 또는 기타 향신료를 취향껏 추가해 맛과 향을 더한다.

"치료받아라"

움 알리

전형적인 영국 음식인 브레드 푸딩과 비슷하지만 좀 더 가볍고 향신료가 더 많이 들어간 이집트의 대표적인 디저트이다. 퍼프 페이스트리는 퇴폐적인 느낌을 주며 견과류와 건포도가 식감을 더한다. 움 알리는 아나의 추억의 간식으로, 딸 파리하와 나누어 먹기도 했다. 아나는 움 알리를 만들 때마다 동료 제라르와 한쪽 눈을 잃기 전 행복했던 시절을 떠올리곤 한다.

이집트 • *아나*

분류: **축제 음식**

 준비 시간: 35분
굽는 시간: 30분

 분량: 4~6인분

 식단: 채식주의

- » 냉동 퍼프 페이스트리 생지 1개, 해동해서
- » 우유 2컵
- » 생크림 2컵
- » 설탕 ½컵
- » 바닐라 익스트랙 1작은술
- » 시나몬 파우더 1작은술
- » 카더멈 ¼작은술
- » 아몬드 슬라이스 ¼컵
- » 피스타치오 ¼컵
- » 설타나 또는 건포도 ¼컵
- » 버터

1. 오븐을 220°C로 예열하고 퍼프 페이스트리 생지를 유산지를 깐 오븐팬 위에 올린다. 퍼프 페이스트리 생지가 완전히 부풀어 올라 노릇해질 때까지 15분간 굽는다.

2. 페이스트리가 구워지는 동안 작은 냄비에 우유, 생크림, 설탕을 넣고 중불에 올린다. 설탕이 녹을 때까지 부드럽게 저어준 후, 바닐라 익스트랙과 향신료를 넣는다. 불에서 내린다.

3. 퍼프 페이스트리를 오븐에서 꺼내 식힌다. 오븐은 그대로 켜둔다. 퍼프 페이스트리가 식으면 한입 크기로 잘게 찢어 따로 잠시 한쪽으로 치워둔다.

4. 가로 25cm, 세로 30cm 크기의 내열 접시에 버터를 고루 바르고 바닥에 부순 퍼프 페이스트리 조각을 빈틈 없이 깐다. 견과류와 설타나 또는 건포도를 페이스트리 조각 위에 올리고 그 위에 페이스트리 조각을 다시 올리고를 접시가 가득 찰 때까지 반복한다. 2에서 만든 우유 혼합물을 넘치지 않도록 주의하면서 부드럽게 붓는다. 페이스트리가 우유를 머금을 수 있게 10분간 그대로 둔다.

5. 윗면이 노릇해질 때까지 220°C에서 15분간 굽는다.

"엄마 말씀 잘 들어야지?"

킵바

바삭한 가장자리, 고소한 불구르가 조화를 이루는 이 양고기 파이는 밥이나 으깬 감자를 곁들여 먹으면 정말 맛있다. 아나가 실종되었을 때 파라는 혼자서 킵바를 구우며 마음의 안정감을 얻곤 했다. 가끔 그녀는 어머니와 함께했던 순간을 추억하며 동료들이나 친구들과 킵바를 나눠 먹는다.

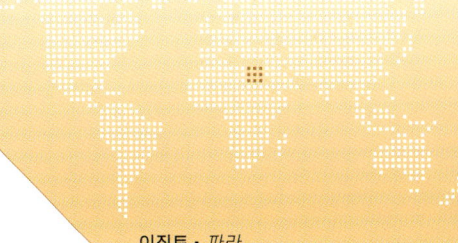

이집트 · 파라

분류: 소울 푸드

- » 다진 양고기 900g
- » 시나몬 파우더 ½작은술
- » 카다멈 ½작은술
- » 올스파이스 ½작은술
- » 커민 ½작은술
- » 소금 1작은술
- » 올리브오일
- » 중간 크기 양파 1개, 다져서
- » 빻은 불구르 ½컵, 하룻밤 물에 불려서
- » 달걀 1개

 불리는 시간: 최소 8시간~하룻밤
준비 시간: 35분
굽는 시간: 1시간

 준비 시간: 6~8인분

 식단: 해당 사항 없음

1. 오븐을 175°C로 예열하고 파이틀을 따로 준비한다. 커다란 믹싱볼에 양고기와 시나몬 파우더, 카다멈, 올스파이스, 쿠민, 소금을 넣고 버무린다.

2. 중간 크기 프라이팬에 올리브유를 두르고 중불에 올린다. 양파를 넣고 갈색이 될 때까지 볶는다. 1에서 양념한 고기의 절반만 프라이팬에 넣고 진한 갈색이 될 때까지 볶는다. 익힌 고기와 양파를 깨끗한 그릇으로 옮겨 식힌다.

3. 깨끗한 믹싱볼에 나머지 고기를 넣고 불구르와 달걀과 함께 버무린다. 이 고기 혼합물의 절반을 덜어 파이틀의 바닥에 빈틈이 없도록 깐다. 볶아둔 고기를 그 위에 올린다.

4. 마지막으로 남은 절반의 고기 혼합물을 볶은 고기 위에 부드럽게 펴 바른다. 파이의 윗면에다 날카로운 칼로 원하는 모양의 패턴을 새겨도 좋다. 파이의 윗면에 올리브오일을 바르고 1시간 동안 굽는다.

"제공권 확보"

캐네디안 버터 타르트

쇼트브레드와 고소한 견과류가 조화를 이루는 이 캐나다식 타르트는 따뜻한 차와 함께 즐기면 좋다. 이 레시피에서는 시중에서 따로 파는 타르트지를 사용하지 않고 직접 만들기 때문에 인원수에 맞게 파이의 크기를 쉽게 조절할 수 있다.

    캐네디안 버터 타르트는 파라가 캐나다에서 살던 어린 시절 가장 좋아했던 음식이다. 당시 아버지 샘과 파라의 관계는 복잡했지만, 평화로운 주말 오후 아버지가 만들어 준 이 특별한 간식을 먹는 것만큼은 좋아했다.

이집트 • 파라

분류: **축제 음식**

 준비 시간: 5분
굽는 시간: 25분

 분량: 약 16개

 식단: 채식주의

타르트지:

- » 무염버터 ½컵
- » 중력분 1컵
- » 흑설탕 2큰술
- » 오트밀 ¼컵

필링:

- » 호두 ½컵
- » 무염버터 ½컵, 부드럽게 해서 준비
- » 달걀 2개
- » 흑설탕 1컵
- » 메이플 시럽 2큰술
- » 바닐라 익스트랙 ½작은술
- » 소금 ¼작은술
- » 베이킹파우더 ½작은술
- » 슈가 파우더

타르트지 굽기:

1. 가로세로 20cm 정사각형 모양의 오븐팬에 버터를 고루 바르고 밀가루를 살짝 뿌린다. 오븐을 175°C로 예열한다. 믹싱볼에 밀가루, 흑설탕, 오트밀, 버터를 넣고 촉촉한 빵가루와 같은 질감이 될 때까지 반죽한다. 반죽을 준비해둔 오븐팬의 바닥에 꾹꾹 눌러 담고 5분간 굽는다. 완성된 타르트지는 잠시 한쪽으로 치워둔다.

필링 만들기:

2. 호두를 푸드 프로세서에 넣고 곱게 간다. 중간 크기의 믹싱볼에 호두, 버터, 달걀, 흑설탕, 메이플 시럽, 바닐라 익스트랙, 소금, 베이킹파우더를 넣고 골고루 섞는다. 필링을 만들어둔 파이지 위에 붓고 20분간 굽는다.

3. 식힘망으로 옮겨 약간 식힌 후 버터를 바른 칼을 사용해 사각형으로 자른다. 슈가 파우더를 뿌리고, 따뜻한 차나 커피와 함께 먹는다.

"버터 타르트요? 위험해 보입니다만"

살렙

다채로운 향신료와 고소한 견과류를 곁들인 살렙은 추운 겨울 얼어붙은 몸과 마음을 녹여주는 따뜻하고 부드러운 전통 음료이다.

　아나는 파라가 평범한 삶을 살길 바랬지만, 파라는 어머니의 바람을 뒤로 한 채 강인하고 충성심 강한 군인이 되었다. 파라는 가끔 어머니 아나가 가르쳐준 방식으로 살렙을 만들어 마시며 아나와 나누어 마시는 생각에 잠긴다.

이집트 • 파라

분류: **음료**

 제조 시간: 5분　　 분량: 1인분　　 식단: 글루텐 프리, 페스코

- » 우유 2컵
- » 애로루트 전분(칡전분) 또는 옥수수전분 2큰술
- » 설탕 3큰술
- » 바닐라 익스트랙 한 방울
- » 시나몬 파우더 ½작은술, 토핑으로 조금 더 준비
- » 생강가루 ¼작은술
- » 잘게 부순 피스타치오(선택사항)

1. 작은 냄비에 우유, 전분, 설탕, 바닐라 익스트랙, 시나몬 파우더, 생강가루를 넣고 중불에 올린다. 우유가 끓을 때까지 휘저으며 섞는다. 우유가 끓기 시작하면 약불로 낮추고 걸쭉해질 때까지 3~5분 정도 더 끓인다.

2. 불에서 내린 후 체에 걸러 머그컵에 옮겨 담는다. 기호에 맞게 시나몬 파우더와 피스타치오를 위에 뿌려 먹는다.

팁: 살렙은 추운 겨울날 따뜻하게 먹는 게 정석이지만, 무더운 여름날 차갑게 먹어도 맛있습니다.

"훈련받은 대로만 한다면, 문제 없을 겁니다"

졸로프 라이스

졸로프 라이스는 최고의 나이지리아 음식이다. 충분히 포만감을 주지만 전혀 무겁지 않은 게 특징이다. 스카치 보닛 페퍼는 심장이 약한 사람들을 위한 식재료가 아니므로 덜 매운 버전을 원한다면 생략하는 것이 좋다.

졸로프 라이스는 둠피스트가 어렸을 때 무술 대회를 앞두고 늘 먹던 음식이었다. 아칸테 가문의 요리사들은 둠피스트를 위해 갓 만든 졸로프 라이스를 항상 준비해두었다. 비록 지금은 무술가의 길을 걷고 있지 않지만, 새로운 목표를 달성하기 전에 여전히 즐겨 먹는 음식이다.

나이지리아 · 둠피스트

분류: **에피타이저**

준비 시간: 15분
조리 시간: 50분

분량: 푸짐하게 6~8인분

식단: 글루텐 프리

- » 통조림 토마토 450g 깍둑썰어서, 직화로 구운 것이 좋다
- » 마늘 4톨
- » 중간 크기 적양파 1개, 굵게 다져서
- » 중간 크기 빨강 파프리카 또는 피망, 꼭지와 씨, 심을 제거하고, 크게 다져서
- » 스카치 보넷 고추 1개(선택 사항)
- » 무염버터 2 큰술
- » 땅콩기름 ¼컵
- » 카레 가루 1작은술
- » 타임 ½작은술
- » 간생강 ½작은술
- » 파프리카 파우더 1작은술
- » 생 닭가슴살 2~3개, 깍둑썰어서
- » 토마토 페이스트 ½컵
- » 쌀 2컵
- » 치킨 스톡 2 ½컵

1. 먼저 소스를 만든다. 잘게 썬 토마토, 마늘, 양파, 피망, 스카치 보닛 고추를 푸드 프로세서에 넣고 곱게 간다. 거친 식감을 원한다면 약간만 갈도록 한다. 잠시 한쪽으로 치워둔다.

2. 프라이팬을 중불에 올리고 땅콩기름과 버터를 넣는다. 버터가 녹으면 향신료를 넣고 닭고기를 굽는다. 닭고기의 모든 부분이 노릇해질 때까지 중간중간 뒤집어가며 5분간 굽는다.

3. 커다란 냄비를 중불에 올리고 구운 닭고기, 소스, 쌀, 치킨 스톡을 넣는다. 냄비 바닥에 재료들이 눌어붙지 않도록 가끔 저으면서 끓인다. 끓기 시작하면 약불로 줄이고 뚜껑을 덮는다. 뚜껑을 덮은 채로 20분간 더 조리한다. 냄비를 불에서 내리고 뚜껑을 덮은 채로 10분간 뜸들인다. 포크로 몇 번 뒤적여 모든 재료가 어우러지도록 섞는다. 뜨거울 때 먹는다.

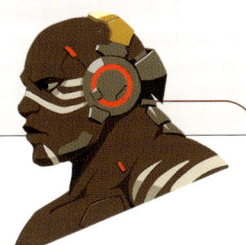

"이제야 몸이 풀리는군"

슈쿠 슈쿠

둠피스트는 투쟁과 갈등으로 세상을 변화시키는 데 전념하고 있지만, 그러한 그도 달콤한 과자와 관련된 추억 하나쯤은 간직하고 있다. 슈쿠 슈쿠는 겉은 바삭하고 속은 쫄깃하며 약간의 단맛과 코코넛의 향기가 코끝을 맴도는 나이지리아 전통 간식이다. 빠르고 쉽게 만들 수 있어서 다음 전쟁을 계획하는 탈론 협의회 회의를 비롯해 어디에서나 함께 나누어 먹을 수 있는 훌륭한 간식이다.

나이지리아 • 둠피스트

분류: **축제 음식**

- » 무가당 코코넛 플레이크 1컵
- » 백설탕 ¼컵
- » 달걀노른자 3개
- » 베이킹파우더 ½작은술
- » 밀가루 ½컵

 준비 시간: 5분
굽는 시간: 20분

 분량: 12인분

 식단: 채식주의

1. 오븐을 175°C로 예열하고 오븐팬에 유산지를 깐다.
2. 작은 믹싱볼에 코코넛 플레이크, 설탕, 달걀노른자, 베이킹파우더를 넣고 반죽한다. 반죽을 때어 2.5cm 크기의 공 모양으로 빚는다. 반죽을 오븐팬에 놓기 전에 밀가루가 담긴 쟁반 위에 굴려 반죽 표면에 밀가루를 골고루 묻힌다. 굽는 동안 부풀어 오르기 때문에 각 반죽 사이에 간격을 충분히 두고 배치한다.
3. 가장자리가 노릇해지기 시작할 때까지 20분간 굽는다.

"슬슬 지난 날들이 후회되나?"

펀치 드렁크 펀치

상큼한 시트러스 향이 가득한 펀치로 무더운 여름날과 완벽하게 어울린다. 전통적인 나이지리아 칵테일 채프먼을 기주로 한 펀치 드렁크 펀치는 풍미가 강렬하고 빠르게 만들 수 있는 게 특징이다. 대부분의 사람들은 럼을 넣는 걸 좋아하지만, 오군디무는 진을 더 좋아하는데, 이는 진이 더 고급스럽다고 생각하기 때문이다.

둠피스트는 강력한 펀치만큼 문제를 해결하는데 확실한 수단은 없다고 생각한다.

나이지리아 • 둠피스트

분류: **음료**

 제조 시간: 5분

 분량: 1잔

 식단: 글루텐 프리, 채식주의

- » 얼음
- » 레몬, 라임, 오이 슬라이스 조금
- » 오렌지 탄산음료 1컵
- » 레몬 & 라임 탄산음료 1컵
- » 앙고스투라 비터스 몇 방울
- » 그레나딘 시럽 (또는 카시스 시럽)

1. 얼음과 레몬, 라임, 오이 슬라이스로 하이볼 글라스를 반쯤 채운다. 오렌지 탄산음료와 레몬 & 라임 탄산음료, 앙고스투라 비터스를 넣고 바 스푼을 이용해 섞는다.

2. 마지막으로 그레나딘 시럽을 취향껏 뿌린다 (그레나딘 시럽 대신 카시스 시럽을 사용하면 좀 더 다채로운 맛을 낼 수 있다).

팁: 도수가 있는 버전을 원한다면, 탄산음료를 넣을때 진이나 럼 60mL를 추가한다.

"주먹 한 방이면 된다"

퍼프 퍼프

서아프리카의 인기 있는 간식인 퍼프 퍼프는 아침 식사나 반찬으로도 적합하다. 겉은 바삭하고 속은 부드러운 솜털과 같은데, 마치 에피와 오리사의 팀워크에 버금가는 유쾌한 조화를 이룬다. 눔바니에 살고 있는 어린 엔지니어와 그녀의 충실한 옴닉 동반자는 혁신으로 가득한 아침을 시작하기 전에 이 맛있는 간식을 즐기는 것으로 알려져 있다.

눔바니 • 오리사

분류: **에피타이저**

- » 따뜻한 물 1컵
- » 인스턴트 드라이 이스트 2작은술
- » 중력분 3½컵
- » 설탕 ½컵
- » 소금 1작은술
- » 튀김용 식용유
- » 슈가 파우더

준비 시간: 5분
발효 시간: 1시간
조리 시간: 15분

분량: 약 24개

식단: 채식주의

1. 물, 이스트, 중력분, 설탕, 소금을 커다란 믹싱볼에 넣고 걸쭉한 상태가 될 때까지 반죽한다. 믹싱볼에 비닐랩을 씌운 후 따뜻한 곳에서 1시간가량 발효시킨다.

2. 발효가 다 되었다면, 깊은 냄비에 식용유를 5cm 이상 채우고 175°C가 될 때까지 중불로 가열한다.

3. 작은 아이스크림 스쿱을 사용하여 반죽을 한 번에 1큰술씩 퍼서 기름에 떨어뜨린다. 반죽을 뒤적여 가면서 모든 면이 진한 황금빛이 될 때까지 튀긴다. 먹음직스럽게 튀겨진 퍼프 퍼프를 키친타월이 깔린 접시에 건져 기름기를 뺀다.

4. 슈가 파우더를 취향껏 뿌려 먹는다.

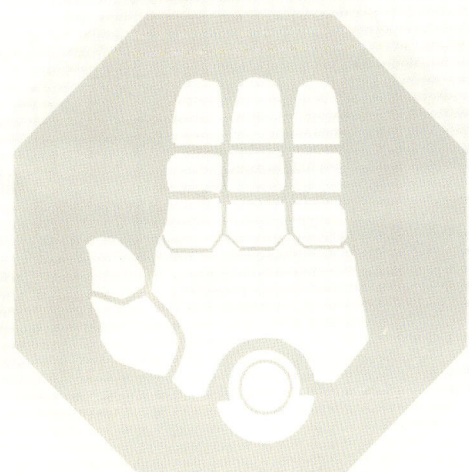

"아직 적응중입니다"

오리사 썬데 아이스크림

예전에는 그 누구도 에피 올라델레이란 이름을 들어본 적이 없었다. 아다위 재단이 에피의 천재적인 로봇 공학과 인공 지능 분야에 대한 재능을 알아보고 지원을 약속한 덕분에 에피는 조금 유명해졌다.

에피는 단골 아이스크림 가게로부터 이제는 오리사라고 불리는, OR15 방어 로봇의 모습을 본뜬 멋진 아이스크림을 선물 받았다. 지금은 오리사도 에피만큼이나 유명해졌지만, 여전히 눔바니 시민들 사이에서 자신의 위치를 알아가는 중이다.

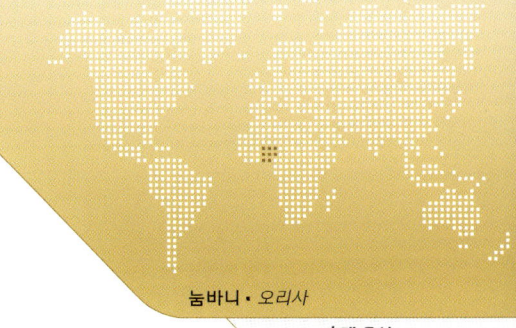

눔바니 • 오리사

분류: 축제 음식

- » 초콜릿 아이스크림 470mL
- » 바나나 1개, 껍질을 벗기고 반으로 잘라서
- » 키위 1개, 껍질을 벗기고 얇게 잘라서
- » 와플 과자 1개
- » 다크 초콜릿 1조각, 눈 장식용, 얇게 잘라서
- » 캐러멜 소스(아래의 팁을 참고)
- » 마라스키노 체리 1개

 제조 시간: 5분   조리 시간: 1잔   식단: 채식주의

1. 초콜릿 아이스크림 2~3스쿱을 썬데 컵에 넣는다. 썬데 컵에 담긴 아이스크림 위에 바나나 엄니 두 개를 조심스럽게 얹고 그 위에 아이스크림 한 스쿱을 얹어 고정한다.

2. 와플 과자와 키위 조각 두 개를 오리사의 머리가 될 부분 뒤쪽에 얹는다. 다크 초콜릿으로 눈을 만든다. 캐러멜 소스를 뿌리고 체리를 얹어 완성한다!

팁: 시판되는 캐러멜 소스를 사용해도 좋으나 스티키 토피 푸딩의 토피 소스(83쪽 참조) 또는 카에타 츄러스의 카에타(35쪽 참조)를 사용해도 좋습니다.

"과학 박람회에서 받는 상보다 훨씬 더 좋아요"

히비스커스차

아름답고 선명한 분홍색의 히비스커스차는 생긴 것만큼 달콤하고 향기롭다. 눔바니에선 남녀노소 모두에게 인기 있는 음료로 차갑게 먹든 뜨겁게 먹든 모두 맛있다.

    에피도 작업장에서 오리사를 만지거나 드론을 만드는 동안 히비스커스차를 마시는 게 습관이 되었다. 무더운 여름날에는 오리사와 함께 루시우의 음악을 들으며 얼음 동동 띄운 히비스커스차 한잔을 마시곤 한다.

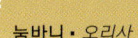

눔바니 • 오리사

분류: **음료**

 제조 시간: 10분

 조리 시간: 2잔

 식단: 글루텐 프리, 채식주의

- 말린 히비스커스 꽃 ½컵
- 물 3컵
- 설탕 ¼컵, 취향에 맞게 준비
- 신선한 민트(선택 사항)
- 곱게 간 신선한 생강 1작은술(선택 사항)
- 오렌지 껍질(선택 사항)
- 바닐라 익스트랙 몇 방울

1. 작은 냄비를 중불에 올리고 말린 히비스커스, 물, 설탕을 넣고 끓인다. 히비스커스의 색이 어느 정도 우러나오면 불에서 내린다. 취향에 맞게 생강, 민트, 오렌지 껍질과 같은 향신료를 추가로 첨가하고 10분간 추가로 우려낸다.

2. 깨끗한 채로 히비스커스와 향신료들을 거른다. 따뜻하게 먹거나 얼음을 타서 차갑게 먹는다.

"여러분의 안전이야말로 제 의무입니다"

유럽

- 트레이서
  - » 스트키 토피 푸딩 — 83
  - » 피시 앤드 칩스 — 85
  - » 바텐버그 케이크 — 87
  - » 해결사의 칵테일 — 89
- 모이라
  - » 아이리시 블랙퍼스트 — 91
  - » 기네스 스튜 — 93
  - » 밤브랙 — 95
  - » 아이리시 커피 — 97
- 토르비욘
  - » 크롭카카 — 99
  - » 잉그리드의 애플파이 — 101
  - » 글뢰그 — 103
- 브리기테
  - » 토스트 스카겐 — 105
  - » 셈라 — 107
  - » 사프트 드링크 — 109
- 위도우메이커
  - » 비시수아즈 — 111
  - » 그라탕 도피누와 — 113
  - » 다크푸르트 파블로바 — 115
  - » 죽음의 입맞춤 — 117
- 라인하르트
  - » 쿠리부르스트 — 119
  - » 케제슈페츨레 — 121
  - » 아이헨발데 케이크 — 123
  - » 알트비어볼레 — 125
- 바스티온
  - » 가니메데스 프리챌 — 127
  - » 새 모이 — 129
- 메르시
  - » 비르허 뮤즐리 — 131
  - » 바슬러 브런슬리 — 133
  - » 알파인 치즈 수프 — 135
  - » 발키리의 비상 — 137
- 자리야
  - » 보르쉬 — 139
  - » 펠메니 — 141
  - » 메도빅 — 143
  - » 슈퍼 노바 — 145

스티키 토피 푸딩

트레이서가 겉보기엔 밝고 강인해 보일지 몰라도 매일 그러한 모습을 유지하는 것은 불가능하다. 레나는 울적해질 때면 창가에 웅크리고 앉아 달콤한 스티키 토피 푸딩 한 그릇을 먹는다. 끈적끈적하고 달콤한 토피 푸딩은 그녀가 무엇을 위해 싸우고 있는지를 상기시켜준다.

영국 • 트레이서

분류: 에피타이저

 준비 시간: 15분
굽는 시간: 35분

 분량: 푸딩 1개, 6~8인분

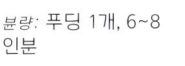 식단: 채식주의

푸딩:
- 무염버터 ½컵, 부드럽게 해서 준비
- 황설탕 ½컵
- 달걀 2개
- 베이킹파우더 1작은술
- 베이킹 소다 1작은술
- 다진 생강 1큰술
- 당밀 3큰술
- 중력분 1컵
- 우유 1컵
- 바닐라 아이스크림(선택 사항)

토피 소스:
- 무염버터 100g
- 황설탕 1컵
- 당밀 1큰술
- 생크림 1컵
- 바닐라 익스트랙 1작은술

푸딩 만들기:

1. 오븐을 175°C로 예열하고 가로세로 20cm 정사각형 모양의 케이크 팬에 버터를 고루 바른다.

2. 커다란 믹싱볼이나 스탠드 믹서에 버터와 황설탕을 넣고 휘핑한다. 달걀, 베이킹파우더, 베이킹 소다, 생강, 당밀을 넣고 섞는다. 그 후 우유와 밀가루를 넣고 뭉치는 부분이 없도록 꼼꼼히 섞는다.

3. 준비된 오븐팬에 반죽을 붓는다. 가장자리는 단단하되 가운데 부분은 살짝 부드러운 상태가 되도록 35분간 굽는다.

토피 소스 만들기:

4. 푸딩이 구워지는 동안 소스를 만든다. 모든 소스 재료를 작은 냄비에 넣는다. 냄비를 중약불에 올리고 설탕이 모두 녹을 때까지 젓는다. 소스가 끓기 시작하면 5분 정도 조린 후 불에서 내린다

5. 갓구운 푸딩을 접시로 옮겨 담는다. 한입 크기로 자른 다음 바닐라 아이스크림(사용한다면)과 소스를 넉넉히 뿌린다. 식기 전에 먹는다.

"정확히 명중~!"

피시 앤드 칩스

피시 앤드 칩스는 바삭하게 튀긴 대구에 두껍게 썰은 감자칩을 곁들여 먹는 영국의 상징적인 음식이다. 트레이서는 시공간을 넘나고 전 세계를 여행하면서 각종 산해진미를 먹어봤지만, 그 어떠한 음식도 피시 앤 칩스를 뛰어넘을 수 없었다. 이 레시피는 킹스 로드에 있는 '벨 피시 앤드 칩스'의 특제 레시피를 참고했다. 맥주를 넣어 바삭하게 만든 튀김옷이 특징이다.

영국 • 트레이서

분류: 소울 푸드

- » 중력분 2컵
- » 베이킹파우더 1큰술
- » 소금 1작은술, 기호에 맞게 조금 더 준비
- » 맥아 식초
- » 냉동 감자튀김
- » 카옌 페퍼 ¼작은술
- » 브라운 에일 또는 엠버 맥주 350mL
- » 흰살생선(대구가 좋다) 680g, 가시를 제거하고 2~3cm 두께로 잘라서
- » 옥수수 전분
- » 튀김용 식용유 2~4컵

 준비 시간: 20분
조리 시간: 20분

 분량: 4인분

 식단: 해당사항 없음

1. 중간 크기 믹싱볼에 중력분과 베이킹파우더, 소금, 맥주를 넣고 뭉치는 부분이 없도록 꼼꼼히 섞어 물 반죽 튀김옷을 만든다. 반죽을 20분 정도 숙성시킨다. 작은 믹싱볼에 옥수수 전분을 넣고 잠시 한쪽으로 치워둔다.

2. 바닥이 깊은 프라이팬에 식용유를 붓고 175°C 정도로 가열한다. 쟁반에 키친타월을 깔고 잠시 한쪽으로 치워둔다.

3. 생선 조각에 먼저 옥수수 전분을 묻힌 다음 튀김옷에 담근다. 튀김옷을 입힌 생선을 뜨거운 기름에 넣는다. 모든 면이 바삭하고 노릇해질 때까지 2분간 튀긴다. 키친타월이 깔린 접시에 받쳐 기름기를 제거한다. 나머지 생선 조각도 똑같이 튀긴다.

4. 감자튀김, 맥아식초, 소금을 곁들여 먹는다.

"새로운 피시 앤드 칩스는 언제나 환영이야!"

바텐버그 케이크

바텐버그 케이크는 빅토리아 시대부터 이어져 온 영국의 전통 디저트이다. 아마 진정한 영국인이라면 가장 이상적인 애프터눈 티 간식으로 바텐버그 케이크를 선택할 것이다. 영국인뿐만 아니라 관광객들에게도 인기 만점인 이 특별한 바텐버그 케이크는 왕의 길에 위치한 '앨더워스 호텔'의 하이티에서 만나볼 수 있다.

시공간을 넘나드는 건 많은 에너지가 필요하기에 트레이서는 열량이 높은 달콤한 간식을 좋아한다. 레나는 여자친구인 에밀리와 영화관 데이트를 한 후 카페에 들러 바텐버그 케이크와 차 한잔을 마시는 걸 즐긴다.

영국 • 트레이서

분류: **축제 음식**

 준비 시간: 15분
굽는 시간: 25분
완성부터 식히는데까지 걸리는 시간: 1시간 30분

 분량: 케이크 1개, 푸짐한 8인분

 식단: 채식주의

- » 무염버터 1컵, 부드럽게 해서 준비
- » 무염버터 2큰술, 아이싱용
- » 설탕 ¾컵
- » 달걀 3개
- » 바닐라 익스트랙 1작은술
- » 베이킹파우더 1작은술
- » 소금 ½작은술
- » 우유 ¼컵
- » 중력분 1½컵
- » 식용색소, 주황색과 파란색
- » 살구잼 ⅓컵, 따뜻하게 데워서 준비
- » 마지팬 200g

1. 오븐을 205°C로 예열하고 똑같은 규격의 파운드틀 2개에 버터 2큰술을 고루 바르고 잠시 한쪽으로 치워둔다.

2. 커다란 믹싱볼에 버터와 설탕을 넣고 휘핑한다. 달걀을 한 번에 하나씩 넣고 골고루 섞는다. 바닐라 익스트랙, 베이킹파우더, 소금을 넣고 우유를 넣는다. 밀가루를 조금씩 넣어가며 꾸덕한 상태가 될 때까지 반죽한다.

3. 반죽을 두 개의 믹싱볼에 균등하게 나누고 각각의 반죽에 원하는 식용색소를(트레이서가 제안한 색상은 주황색과 파란색이다) 풀어준다. 반죽을 각 파운드틀에 넣고 케이크 가운데를 이쑤시개로 찔렀을 때 설익은 반죽이 묻어 나오지 않을 때까지 25분간 굽는다. 식힘망으로 옮겨 케이크를 완전히 식힌다.

4. 식은 케이크의 윗면, 옆면, 밑면을 반듯하게 잘라내고 반으로 자른다.

5. 케이크의 겉면에 살구잼을 고루 바르고 2가지 색의 케이크를 교차로 조합한다. 이렇게 하면 잘랐을 때 바둑판무늬를 볼 수 있다.

6. 마지막으로 마지팬이 찢어지지 않게 조심하면서 최대한 얇게 편다. 준비된 케이크를 마지팬으로 조심스럽게 감싸고 접합 면이 아래로 가게 놓는다. 케이크 전체가 굳을 수 있도록 한 시간 정도 굳힌 다음 원하는 크기로 잘라서 먹는다.

"주목! 트레이서 나가신다~!"

해결사의 칵테일

핌스 No.1은 달콤한 과일 향과 기분 좋은 매운맛으로 영국에서 큰 인기를 끌고 있는 칵테일이다. 왕의 길에 있는 펍 '폭스 앤드 베어'의 바텐더는 옴닉의 반란 때 평화를 지키기 위해 헌신한 트레이서를 위해 핌스 No.1의 레시피를 살짝 변형시켜서 해결사의 칵테일을 만들었다. 토르비욘도 영국을 방문할 때면 이 칵테일을 즐겨 마신다. 다만, 토르비욘은 트레이서가 자신이 만들어준 명대사를 일면식도 없는 바텐더에게 사용하도록 허락해 준 걸 못마땅하게 생각하고 있다.

영국 • 트레이서

분류: **음료**

 제조 시간: 5분

 분량: 1 잔

 식단: 글루텐 프리, 채식주의

- » 얼음
- » 오이 슬라이스 적당량
- » 레몬 슬라이스 적당량
- » 오렌지 슬라이스 적당량
- » 사과 ¼개, 씨를 제거하고 껍질을 벗기고 깍둑썰어서
- » 핌스 No.1 60mL
- » 진저 비어 120mL

1. 하이볼잔 바닥에 얼음을 몇 개 넣고 오이 슬라이스, 레몬 슬라이스, 오렌지 슬라이스, 사과를 순서대로 넣는다. 남은 얼음과 과일과 얼음을 번갈아 넣어가며 컵을 가득 채운다.
2. 핌스 No.1과 진저비어를 넣는다.

안녕, 친구들~ 해결사가 왔어!

아이리시 블랙퍼스트

과학자든, 의사든, 기술자든, 모든 사람은 하루를 제대로 시작하기 위해선 영양가 높은 아침 식사가 필요하다. 평소 모이라는 일과 연구에 치여 아침을 거를 때가 많지만, 풍성한 아침 식사가 제공된다면 누구보다 잘 먹는다. 달걀 프라이를 무려 두 개나 얹은 이 특별한 아이리시 블랙퍼스트는 바싹하게 튀긴 블랙 푸딩과 화이트 푸딩으로 시작해서 고소한 콩과 버섯으로 마무리된다. 배불리 먹고 진한 커피 한 잔으로 입 안을 헹궈내면 하루를 힘차게 시작할 수 있다. 재료가 너무 많아서 처음엔 다소 정신이 없을 수 있지만, 몇 번 시도해보면 쉽게 만들 수 있다.

아일랜드 • 모이라

분류: *에피타이저*

- » 뱅어스(뱅거스 소시지) 2개
- » 베이크드 빈 225g
- » 식용유 1큰술
- » 캐나디안 베이컨 2조각
- » 0.5cm 두께로 썬 블랙 푸딩 6~8개
- » 0.5cm 두께로 썬 화이트 푸딩 6~8개
- » 달걀 2개
- » 토마토 1개, 웨지로 썰거나 슬라이스해서
- » 소다브레드 2조각, 굽거나 버터를 발라서
- » 선택 사항: 해쉬브라운, 구운 버섯, 버블 앤드 스퀴크, 아일렌드식 감자빵, 박스티

 조리 시간: 30 분

 분량: 푸짐한 1인분

 식단: 해당 사항 없음

1. 작은 프라이팬에 물을 3cm 정도 채우고 중강불에 올려 끓인다. 끓는 물에 뱅거스를 넣고 나머지 재료를 조리할 동안 뚜껑을 덮은 채로 20~30분간 삶는다.
2. 별도의 작은 냄비에 베이크드 빈을 넣고 약불로 데운다. 나머지 재료가 완성되기 전까지 따뜻하게 유지한다.
3. 커다란 프라이팬에 기름을 두르고 중불에 올린다. 베이컨과 블랙 푸딩, 화이트 푸딩을 넣고 푸딩과 베이컨이 바싹해질 때까지 여러 번 뒤집어 가면서 굽는다. 잘 구워진 푸딩과 베이컨을 다른 깨끗한 접시로 옮기고 나머지 재료가 완성되기 전까지 따뜻하게 유지한다.
4. 베이컨을 구웠던 프라이팬 한쪽에 달걀 두 개를 깨서 좋아하는 방식으로 굽는다(모이라는 써니 사이드 업을 좋아한다). 팬의 다른 쪽에서는 토마토를 약간 부드러워질 때까지 1분간 볶는다.
5. 모든 재료의 조리가 끝나면, 한 접시에 담고 식기 전에 먹는다.

"과학으로 더 나은 삶을 열 수 있어"

기네스 스튜

어린 시절의 추억이 담긴 음식만큼 마음에 안정감을 주는 것은 없다. 진하고 풍미 가득한 그레이비소스가 부드러운 고기와 함께 입 안에서 녹아내린다. 그냥 먹어도 맛있지만 으깬 감자 위에 얹어 먹으면 더욱 맛있다.

모이라는 요리의 예술보다는 제빵의 과학을 좋아하지만, 고향인 더블린에선 일요일마다 기네스 스튜를 만들어 가족과 함께 즐겼다. 지금도 여전히 따뜻하고 풍미 있는 기네스 스튜를 통해 마음의 안정을 찾는다. 오아시스의 연구실에서도 멀리 떨어진 더블린의 향기를 느낄 수 있다.

아일랜드 • 모이라

분류: 소울 푸드

- 베이컨 4조각, 잘게 잘라서
- 스튜용 소고기 450g, 한 입 크기로 잘라서
- 리크 1대, 하얀 부분만, 가늘게 썰어서(대파로 대체 가능)
- 마늘 2톨, 다져서
- 밀가루 1큰술
- 스타우트 맥주 350mL
- 토마토 페이스트 1큰술
- 신선한 타임 4줄기
- 중간 크기 당근 2~3개, 2~3cm 크기로 잘라서
- 커다란 감자 1개, 껍질을 벗기고 2~3cm 크기로 잘라서
- 황설탕 1작은술
- 치킨 스톡 3컵
- 소금과 후추, 취향에 맞게 준비

 준비 시간: 30 분
조리 시간: 2시간

 분량: 4인분

 식단: 해당 사항 없음

1. 중간 크기 프라이팬을 중불에 올린다. 베이컨이 바삭해질 때까지 튀기듯이 굽는다. 베이컨을 건져내 냄비에 넣는다.

2. 베이컨을 구웠던 프라이팬에 소고기를 넣고 모든 면이 노릇해질 때까지 굽는다. 고기가 잘 익었다면 건져내 냄비에 넣는다. 리크와 마늘도 부드러워지고 노릇해질 때까지 5분간 볶는다. 밀가루와 치킨스톡 2큰술을 넣고 뭉치는 부분이 없도록 꼼꼼히 섞는다. 볶은 리크와 마늘, 밀가루를 냄비에 넣고 남은 모든 재료도 냄비에 넣는다.

3. 냄비를 강불에 올리고 끓기 시작하면 가장 약한 불로 줄인다. 고기가 부드러워질 때까지 2시간 이상 끓인다. 소금과 후추로 간을 맞춘다. 빵과 버터를 곁들여 먹거나 으깬 감자를 곁들여 먹는다.

"내 연구를 막았다간 이렇게 되는 거다"

밤브랙

말린 과일이 듬뿍 들어간 밤브랙은 아일랜드에서 할로윈 기간에 즐겨 먹는 빵이다. 좋은 버터를 발라 구워 먹으면 특히 맛있다. 모이라는 실험실에서 퇴근 후 밤브랙을 직접 굽는 걸로 유명하다. 가끔은 설탕에 절인 생강을 두 배로 늘리고 커런트를 다진 대추야자로 대체하는 등 오아시스의 상황에 더 맞게 레시피를 수정하기도 한다.

아일랜드 • *모이라*

분류: **축제 음식**

- » 드라이 이스트 2작은술
- » 따뜻한 우유 ¾컵
- » 설탕 2큰술
- » 중력분 2½컵
- » 소금 한 꼬집
- » 시나몬 파우더 ½작은술
- » 넛맥가루 ¼작은술
- » 무염버터 ¼컵, 녹여서 준비
- » 골드 건포도 1컵
- » 말린 블랙커런트 ½컵
- » 캔디드 레몬 필 또는 캔디드 오렌지 필 ¼컵, 잘게 썰어서
- » 생강 절편 ¼컵, 잘게 썰어서
- » 달걀 1개
- » 생크림 ¼컵

준비 시간: 15분
발효 시간: 1시간 30 분
굽는 시간: 30분
식힘 시간: 15분

 분량: 식빵 1개

 식단: 채식주의

1. 이스트, 따뜻한 우유, 설탕, 중력분 반 컵을 중간 크기 믹싱볼에 넣고 섞는다. 소금, 시나몬 파우더, 넛맥가루를 넣고 녹인 버터, 건과일, 캔디드 레몬 필, 생강 절편, 달걀을 넣고 섞는다. 남은 중력분 2컵을 조금씩 넣어가며 반죽이 끈적이지 않고 뭉쳐지는 상태가 될 때까지 손이나 주걱으로 반죽한다.

2. 반죽을 깨끗한 작업대 위에 올린다. 반죽을 찔렀을 때 다시 튀어 오르는 상태가 될 때까지 반죽한다. 반죽을 둥글게 만든 후 버터를 바른 믹싱볼에 넣는다. 반죽을 비닐랩이나 젖은 면포로 덮는다. 따뜻한 곳에서 1시간가량 발효시킨다.

3. 발효된 반죽을 주먹으로 살살 쳐서 가스를 뺀 다음 다시 둥글게 만들어 준다. 반죽을 버터를 고루 바른 식빵틀이나 오븐팬에 올린다. 30분간 2차 발효시킨다. 발효된 반죽의 윗면에 생크림을 살짝 바른 후 윗면이 진한 황금색으로 변할 때까지 160°C에서 30분간 굽는다. 식힘망으로 옮겨 최소 15분 이상 식힌 후 자른다.

"창조의 수수께끼는 인류의 영원한 숙제지"

아이리시 커피

아이리시 커피가 춥고 배고픈 여행자를 위한 즉석 음료로 시작되었다는 것은 널리 알려진 사실이다. 아이리시 커피는 약간의 기분 전환과 휴식, 영감을 제공한다. 아이리시 커피는 획기적인 유전학 연구를 위해 밤을 새우는 모이라의 두뇌에 활력을 불어넣는 데도 안성맞춤이다. 모이라는 오아시스에서 팔고 있는 스파이스 커피에도 충분히 만족했지만, 오아시스의 커피에는 고향인 더블린에서 '생명수'라고 불리는 위스키가 빠져 있었다. 모이라는 자신의 취향에 맞게 레시피를 수정하고 비율을 조절하며 최고의 커피를 만들었고, 그 커피는 모이라의 새로운 발견의 열쇠가 될지도 모른다.

아일랜드 • 모이라

분류: **음료**

 제조 시간: 5분

 분량: 1잔

 식단: 글루텐 프리, 채식주의

- » 흑설탕 1작은술
- » 아이리시 위스키 30mL
- » 방금 내린 커피 2컵
- » 휘핑크림 ½컵
- » 카다멈 가루 ½작은술
- » 생강가루 ¼작은술

1. 내열 유리잔이나 머그컵 바닥에 흑설탕을 넣고 그 위에 위스키를 붓는다. 설탕이 완전히 녹을 때까지 휘저어준 후 커피를 붓는다.

2. 작은 믹싱볼에 생크림과 향신료를 넣는다. 숟가락으로 떴을 때 살짝 흘러내리는 정도가 될 때까지 휘핑한다. 생크림을 떠서 커피 위에 부드럽게 올린다. 그대로 즐기거나 커피와 크림을 섞어 마신다.

"슬란테! (건배!)"

크롭카카

부드럽고 푹신한 크롭카카는 감칠맛 나는 내용물을 넣은 스웨덴식 만두이다. 토르비욘은 세계에서 가장 뛰어난 기술자이지만, 요리에는 영 소질이 없어서 간단하게 만들 수 있는 크롭카카를 좋아한다. 물에 넣고 삶기만 하면 된다! 크롭카카는 감자를 익히는 방법부터 속 재료와 반죽의 종류까지 모든 것이 취향에 따라 갈리지만, 토르비욘은 아래 레시피를 좋아한다.

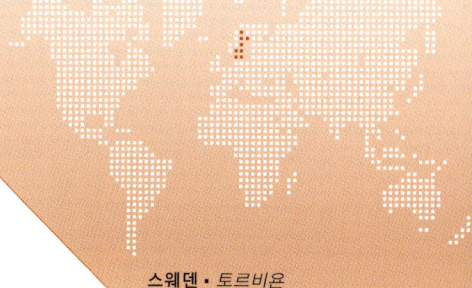

스웨덴 • 토르비욘

분류: 소울 푸드

- » 중간 크기 감자 5개, 껍질을 벗기고 다져서
- » 달걀 1개
- » 소금 1작은술, 조금 더 준비
- » 중간 크기 양파 ½개, 깍둑썰어서
- » 베이컨 또는 염장 돼지고기 225g
- » 올스파이스 가루 2작은술
- » 중력분 2~3컵
- » 무염버터 2큰술(선택 사항)
- » 링곤베리 잼(선택 사항)

 준비 시간: 20분
조리 시간: 20분~40분

 분량: 약 18개

 식단: 해당사항 없음

1. 커다란 냄비에 물을 넣고 중강불에 올린다. 물이 끓기 시작하면 감자를 넣는다. 포크로 찔러서 감자가 잘 익었는지 확인해 본 후 물기를 완전히 제거하고 믹싱볼에 옮겨 담는다.

2. 감자를 으깬 다음 달걀과 소금을 으깬 감자에 넣고 섞는다. 뭉치는 부분이 없도록 꼼꼼히 섞은 후 손으로 만질 수 있을 정도가 될 때까지 식힌다.

3. 감자가 식는 동안 속 재료를 만든다. 양파와 베이컨을 프라이팬에 넣고 양파가 노릇해지고 베이컨이 바삭해질 때까지 볶는다. 베이컨과 양파를 건져 별도의 믹싱볼에 옮겨 담은 후 올스파이스 가루를 넣고 섞어준다. 베이컨을 구웠던 프라이팬은 잠시 한쪽으로 치워둔다.

4. 으깬 감자가 만질 수 있을 정도로 식으면 밀가루를 한 번에 반 컵씩 넣어가며 끈적이지 않고 걸쭉한 상태가 될 때까지 반죽한다.

5. 반죽을 골프공보다 약간 큰 크기로 떼어낸다. 반죽을 원반 모양으로 납작하게 만든 다음 반죽 가운데에 속 재료를 2티스푼 정도 떠 넣는다. 반죽의 가장자리를 접어 속 재료를 완전히 덮은 다음 납작한 공 모양으로 굴려 밀봉한다. 속 재료가 새어 나오지 않고 완전히 밀봉되어야 한다. 속 재료와 반죽을 모두 사용할 때까지 반복한다.

6. 커다란 냄비에 소금물을 넣고 끓인다. 끓는 소금물에 한 번에 여러 개의 크롭카카를 넣는다. 크롭카카가 다시 물 위로 떠 오를 때까지 몇 분간 삶는다. 접시에 옮겨 물기를 제거하고 식힌다. 삶은 크롭카카를 바로 먹거나 베이컨을 구웠던 프라이팬에 버터를 두르고 양면이 노릇해질 때까지 튀기듯이 구워 먹어도 맛있다. 링곤베리 잼을 곁들여 따뜻할 때 먹는다.

"하하! 경이로운 기술력이지! 안 그래?"

잉그리드의 애플파이

린드홀름 가문 사람 중 토르비욘만 천재인 것은 아니다. 토르비욘의 아내 잉그리드는 뛰어난 화학공학 기술자로 브리기테에게 호기심 많은 성격을 물려주었다.

잉그리드는 스웨덴식 사과파이를 비롯해 맛있는 요리를 개발했다. 잉그리드의 애플파이는 온 집 안을 맛있는 향기로 가득 채울 뿐만 아니라 식감과 풍미도 완벽하다. 달콤한 아몬드 크럼블이 사과의 산미를 보완하고, 얇게 썬 아몬드가 부드러운 파이지와 필링에 복합적인 식감을 선사한다. 예전부터 알고 지내던 메르시도 잉그리드의 애플파이를 좋아한다.

스웨덴 • 토르비욘

분류: 축제 음식

 준비 시간: 25분
휴지 시간: 1시간
굽는 시간: 40분
식힘 시간: 15분

 분량: 파이 1개, 약 8인분

 식단: 채식주의

파이지:
- » 중력분 1½컵
- » 설탕 1~2큰술
- » 차가운 무염버터 ½컵
- » 차가운 물 ¼컵

필링:
- » 새콤한 사과 4개, 씨를 제거하고 껍질을 벗겨서
- » 시나몬 파우더 1작은술
- » 올스파이스 ½작은술
- » 카다멈 ½작은술
- » 황설탕 ¼컵
- » 중력분 ¼컵
- » 아몬드 슬라이스 ½컵

크럼블:
- » 차가운 무염버터 2 큰술
- » 마지팬 85g
- » 중력분 ½컵
- » 황설탕 ½컵
- » 생크림

파이지 굽기:

1. 중간 크기의 믹싱볼에 중력분, 설탕, 버터를 넣고 거친 빵가루와 같은 상태가 될 때까지 반죽한다. 그 후 찬물을 조금씩 넣어가며 뭉칠 수 있을 정도가 될 때까지 반죽한다. 비닐랩으로 덮어 최소 1시간 이상 숙성한다.

2. 숙성한 반죽을 0.5cm 두께로 얇게 펴서 파이틀 위에 덮어준다. 남는 반죽은 잘라내고, 파이 위 격자 모양을 만들기 위해 잠시 한쪽으로 치워둔다.

완성하기:

3. 사과를 0.5cm 두께로 얇게 썬다. 중간 크기 믹싱볼에 시나몬 파우더, 올스파이스, 카다멈, 황설탕, 중력분, 아몬드 슬라이스를 넣고 모든 재료가 어우러지도록 꼼꼼히 섞는다. 파이지 위에 필링을 채우고 파이틀을 바닥에 살짝 내리쳐 필링이 자리 잡을 수 있도록 한다.

4. 오븐을 190°C로 예열한다.

5. 푸드 프로세서에 버터 2큰술, 마지팬, 중력분, 황설탕을 넣고 뭉치는 부분이 없도록 곱게 간다. 이 크럼블을 사과 필링 위에 뿌린다. 남은 파이지 반죽을 활용해 격자 모양을 만든 다음 생크림을 살짝 발라준다.

6. 파이 윗면이 먹음직스러운 황금색으로 변할 때까지 40분간 굽는다. 식힘망으로 옮겨 최소 15분 이상 식힌 후 자른다. 생크림이나 바닐라 아이스크림을 곁들여 먹는다.

"헤헤, 안 그래도 아내가 애플파이 남겨 놨더라고"

글뢰그

거의 모든 스웨덴 가정이 저마다의 글뢰그 제조 비법을 가지고 있으며 린드홀름가도 예외는 아니다. 럼이나 포트와인을 넣는 사람들도 있지만, 린드홀름 가문에서는 대대로 브랜디를 넣어 간단하게 만들곤 했다. 맛있고 따뜻하게 즐길 수 있으므로 겨울 휴가철에 매우 인기가 높다.

스웨덴 • 토르비욘

분류: **음료**

 준비 시간: 10 분
침출 시간: 1 시간

 분량: 4~6 잔

 식단: 글루텐 프리, 채식주의

- 레드 와인 750mL
- 설탕 ½컵, 취향에 맞게 준비
- 오렌지 껍질, 오렌지 1개분
- 건포도 2큰술
- 껍질을 벗긴 아몬드 2큰술
- 카다멈 가루 2작은술
- 생강 8cm, 얇게 잘라서
- 시나몬 스틱 2개
- 정향 가루 ¼작은술
- 브랜디 1컵
- 오렌지 슬라이스(선택 사항)

1. 오렌지 슬라이스를 제외한 모든 재료를 중간 크기 냄비에 넣고 중불에 올린다. 끓기 시작하면 불에서 내린다. 뚜껑을 덮은 채로 모든 재료들의 맛이 우러나도록 1시간가량 그대로 둔다.

2. 냄비 바닥에 가라앉은 재료들이 떠오르지 않게 조심하면서 깨끗한 냄비에 천천히 걸러낸다. 시나몬 스틱, 생강, 오렌지 껍질은 버리고 건포도와 아몬드는 가니쉬로 사용할 수 있도록 남겨둔다.

3. 내열 유리잔이나 머그컵에 뜨거운 글뢰그를 담고 오렌지 슬라이스와 2에서 건져 낸 건포도와 아몬드 2작은술을 가니쉬로 곁들여 마신다.

"헤헷. 저거 내가 설계했다니까?"

토스트 스카겐

토스트 스카겐은 오래된 낚시 문화를 가진 스웨덴에서 흔히 볼 수 있는 전채 요리이다. 스칸디나비아의 대표적인 허브인 딜이 진하고 부드러운 소스와 만나 간단하지만, 파티와 어울리는 놀랍도록 맛있는 요리를 탄생시켰다. 화려한 파티를 좋아하지 않는 브리기테는 아버지와 함께 갑주를 수리하거나 새로운 디자인을 고심할 때 간식으로 이 토스트를 먹는다. 지금도 브리기테는 특히 어려운 기술적 문제에 직면할 때면 토스트 스카겐을 통해 아이디어를 얻곤 한다.

스웨덴 • 브리기테

분류: *에피타이저*

 준비 시간: 10분   분량: 16조각   식단: 해당 사항 없음

- » 식빵 4조각
- » 무염버터 2큰술, 부드럽게 해서 준비
- » 작은 크기의 자숙새우 300g
- » 마요네즈 4큰술
- » 디종 머스타드 1큰술
- » 신선한 딜 2큰술, 가늘게 다져서, 조금 더 준비
- » 핑크 또는 오렌지 캐비어 150g, 연어알이나 날치알, 청어알도 좋다
- » 레몬 웨지

1. 식빵의 껍질 부분을 잘라낸 다음 버터를 식빵 양면에 얇게 펴 바른다. 프라이팬을 중불에 올리고 식빵의 양면을 노릇하고 바삭해질 때까지 굽는다. 식빵을 삼각형으로 자른다. 잠시 한쪽으로 치워둔다.

2. 작은 믹싱볼에 새우, 마요네즈, 머스타드, 딜을 넣고 섞은 다음 구워둔 토스트 조각에 나누어 올린다. 캐비어를 약간 얹고 딜을 뿌려 장식한다. 레몬즙을 살짝 뿌려 먹는다.

팁: 좀 더 강력한 맛을 원한다면 홀스래디쉬나 타바스코소스를 추가해보세요.

"소매를 걷어붙일 때군요"

셈라

브리기테가 도넛을 좋아한다는 것은 널리 알려진 사실이지만, 브리기테는 스웨덴의 전통 디저트인 셈라를 더 좋아한다. 약간 쫄깃하면서도 폭신한 빵, 달콤하고 고소한 아몬드 페이스트, 공기처럼 부드러운 휘핑크림이 완벽한 조화를 이루고 있다. 스웨덴에서는 따뜻한 우유를 가득 부어 먹기도 한다. 아몬드 페이스트와 토핑은 직접 만들 수도 있지만, 상점에서 아몬드 페이스트를 구입하는 걸 권장한다.

스웨덴 · 브리기테

분류: **축제 음식**

준비 시간: 10분
발효 시간: 1시간 30분
굽는 시간: 20분

분량: 12개

식단: 채식주의

빵:
- » 따뜻한 우유 1컵
- » 무염버터 ¼컵, 녹여서 준비
- » 설탕 ½컵
- » 인스턴트 이스트 2작은술
- » 소금 1작은술
- » 달걀 2개
- » 카다멈 1작은술
- » 중력분 4컵
- » 물 1~2큰술

필링과 토핑:
- » 아몬드 페이스트 ½컵
- » 휘핑크림 ½컵
- » 슈가 파우더(선택 사항)

1. 따뜻한 우유, 버터, 설탕, 이스트를 중간 크기 믹싱볼에 넣고 설탕을 완전히 녹인다. 그 후 소금, 달걀 1개, 카다멈을 넣고 골고루 섞는다.

2. 밀가루를 한 번에 한 컵씩 넣어가며 반죽이 축축하지만 끈적이지 않는 상태가 될 때까지 반죽한다.

3. 덧가루를 살짝 뿌린 작업대에 반죽을 올리고, 반죽을 찔렀을 때 다시 튀어 오르는 상태가 될 때까지 반죽한다. 비닐랩이나 젖은 수건으로 덮어서 따뜻한 곳에서 1시간가량 발효시킨다.

4. 오븐을 175°C로 예열하고 오븐팬에 유산지를 깐다. 발효시킨 반죽을 12등분으로 나눈다. 각각의 반죽을 공 모양으로 말아 오븐팬에 올린다. 반죽 사이에는 충분한 공간을 둔다. 남은 달걀 1개를 작은 믹싱볼에 넣고 약간의 물을 섞어 푼다. 달걀물을 반죽 위에 바른 후 30분간 2차 발효를 한다.

5. 반죽이 노릇해질 때까지 20분간 굽는다. 식힘망으로 옮겨 완전히 식힌다.

6. 빵이 식으면 날카로운 칼로 각 빵의 윗부분을 자르고 속을 살짝 파내서 공간을 만든다. 아몬드 페이스트를 빵 전체에 균등하게 채운다. 그 후 휘핑크림을 올리고 잘라놓은 빵 뚜껑을 덮는다. 고운 체를 사용하여 셈라 위에 슈가 파우더를 뿌린다.

"노력에 왕도는 없어요"

사프트 드링크

사프트 드링크는 다양한 과일, 향신료, 허브와 어울리므로 레시피에서 소개하는 재료는 그냥 예시로 생각하길 바란다. 브리기테는 항상 새로운 맛의 사프트 드링크를 찾고 있다. 최근에는 민트와 생강을 넣어 상큼하고 새콤한 맛을 더한 사프트 드링크에 빠져있다. 위대한 기계공학과 마찬가지로 사프트 드링크의 발전 가능성은 무궁무진하다.

스웨덴 • 브리기테

분류: **음료**

 제조 시간: 20분

 분량: 여러명이 나누어 먹기에 충분한 양

 식단: 글루텐 프리, 채식주의

- » 잘 익은 블랙커랜트 또는 딸기 4컵 (블루베리나 자두도 좋다)
- » 물 2컵
- » 설탕 1½컵
- » 탄산수나 토닉워터 또는 물, 기호에 맞게 준비

1. 준비한 과일과 물을 중간 크기 냄비에 넣고 중불에 올린다. 과일이 아주 부드러워질 때까지 15분간 졸인다.

2. 과일을 으깨고 체에 밭쳐 과즙을 깨끗한 냄비에 걸러낸다. 설탕을 넣고 설탕이 완전히 녹을 때까지 2분 정도 끓인다. 완성된 시럽을 주전자나 병에 넣고 냉장 보관한다. 일주일간 두고 먹을 수 있다.

3. 물이나 탄산음료에 물 6 : 시럽 1의 비율로 희석해서 마신다.

"끝난 줄 알았지? 지금부터 시작이야!"

비시수아즈

귀족적인 예법과 전통을 고집하는 기야르 가문의 요리사는 다양한 수프를 만들기로 유명했다. 샤토 기야르의 지하 주방에선 기야르 가문 사람들을 위한 수프가 항상 준비되어 있었고, 가끔 방문하는 외교관이나 귀족을 위한 만찬을 준비하기도 했다.

무너져 가는 이 성에는 이제 한 사람만 살고 있다. 탈론이 심장을 느리게 만들어 피부가 창백한 푸른빛으로 변한 위도우메이커에게 차가운 비시수아즈는 그 어떠한 음식보다 잘 어울린다.

프랑스 • 위도우메이커

분류: 소울 푸드

준비 시간: 5분
조리 시간: 40분

분량: 4인분

식단: 글루텐 프리

- » 무염버터 3큰술
- » 중간 크기 리크 4대, 하얀 부분만 사용, 얇게 썰어서
- » 마늘 2톨, 다져서
- » 감자 450g, 껍질을 벗기고 슬라이스해서
- » 치킨 스톡 4컵
- » 타임 2줄기, 장식용으로 조금 더 준비
- » 오레가노 1줄기
- » 월계수잎 1개
- » 생크림 ⅓컵, 장식용으로 조금 더 준비
- » 소금과 후추, 취향에 맞게 준비

1. 중간 크기 냄비를 중불에 올리고 버터를 녹인다. 리크와 마늘을 넣고 옅은 갈색이 될 때까지 10분 정도 볶는다.

2. 냄비에 감자를 넣고, 치킨 스톡을 붓는다. 준비한 허브를 하나로 묶어 부케가르니를 만들어 냄비에 넣는다. 20분간 감자가 완전히 익을 때까지 끓인다.

3. 부케가르니를 건져낸다. 냄비의 내용물을 핸드 믹서를 사용해 곱게 간다. 생크림을 넣고 저어준다. 소금과 후추로 간을 맞추고 약간의 타임으로 장식한다. 구운 빵을 곁들여 따뜻하게 또는 차갑게 먹는다.

"추위 따위... 느껴지지 않아"

그라탕 도피누와

감칠맛 넘치고 고소한 감자그라탕은 많은 프랑스 가정에서 구운 양고기와 함께 겨울철에 즐겨 먹는 음식이다. 위도우메이커도 아멜리 라크루아였던 시절 남편 제라르와 함께 그라탕을 즐겨 먹곤 했다. 살아 있는 무기로 다시 태어난 지금은 다음 임무를 수행하기 전, 기력 보충용으로 그라탕 도피누와를 먹는다.

프랑스 ▪ 위도우메이커

분류: **소울 푸드**

 준비 시간: 5분
조리 시간: 45분

 분량: 4~6인분

 식단: 글루텐 프리, 채식주의

- » 무염버터 1큰술, 부드럽게 해서 준비
- » 우유 2컵
- » 생크림 2컵
- » 마늘 2톨, 다져서
- » 세이보리 1작은술
- » 구이용 감자 1kg, 껍질을 벗기고 얇게 잘라서
- » 소금과 후추, 취향에 맞게 준비
- » 신선한 넛맥 한 꼬집, 갈아서
- » 그뤼에르 치즈 ⅔컵, 갈아서

1. 오븐을 175°C로 예열하고 캐서롤에 버터를 고루 바르고 잠시 한쪽으로 치워둔다.

2. 커다란 냄비에 우유, 생크림, 다진 마늘, 세이보리, 감자를 넣고 중불에 올린다. 감자가 익을 때까지 20분간 끓인다. 익은 감자를 조심스럽게 건져 캐서롤 접시로 옮긴다.

3. 감자를 모두 건져냈다면, 냄비에 남은 뜨거운 우유 혼합물을 캐서롤의 ¾ 지점까지 부어준다.

4. 감자에 소금, 후추, 넛맥가루를 뿌려 간을 맞추고, 치즈를 고루 뿌린다.

5. 오븐에서 윗부분이 노릇해질 때까지 25분간 굽는다. 좀 더 바삭한 윗면을 원한다면 브로일러 아래에서 1분 정도 굽되, 타지 않도록 잘 살펴본다.

"마니피크! (훌륭해!)"

다크푸르트 파블로바

아멜리 라크루아는 치명적인 암살자 위도우메이커가 된 이후 살육의 순간을 제외하면 아무런 감정을 느끼지 못한다. 하지만, 머랭을 중심으로 한 이 디저트가 자신과 닮은 유명 발레리나의 이름을 딴 것이라는 사실을 알고는 사랑에 빠지지 않을 수 없었다. 그녀는 임무를 성공적으로 마친 후 반사적으로 이 디저트에 이끌린다. 파블로바의 풍부한 한 조각은 한발 한발 치명적인 그녀의 사격 실력과 닮았다.

프랑스 • 위도우메이커

분류: **축제 음식**

 준비 시간: 20분
굽기 부터 식히는데 까지 걸리는 시간: 4시간 30분

 분량: 파블로바 1개, 약 8인분

 식단: 글루텐 프리, 채식주의

머랭:
- » 달걀흰자, 달걀 6개분량, 상온으로
- » 소금 한 꼬집
- » 설탕 1 ½컵
- » 레몬즙 몇 방울
- » 바닐라 익스트랙 1작은술
- » 옥수수 전분 2작은술

크림 토핑:
- » 달걀노른자 3개
- » 옥수수 전분 2작은술
- » 생크림 1 ½컵
- » 설탕 ¼컵
- » 보라색 식용 색소
- » 베리류 과일 믹스 4컵

머랭 굽기:

1. 오븐을 120°C로 예열하고 오븐팬에 유산지를 깐다.

2. 중간 크기의 믹싱볼에 달걀흰자를 넣고 거품이 생길 때까지 중속으로 휘핑한다. 소금과 설탕 ½컵을 넣고 3분간 휘핑한다. 설탕 ½컵을 더 넣고 3분간 휘핑한다. 마지막으로 설탕을 전부 넣고 단단한 뿔이 만들어지고 윤기가 생길 때까지 고속으로 휘핑한다. 남은 머랭 재료를 전부 넣고 뭉치는 부분이 없도록 조심스럽게 섞는다.

3. 커다란 숟가락을 사용해 머랭을 오븐팬에 넣는다. 머랭을 지름 20cm 크기의 가운데가 오목한 원반 모양으로 펼친다. 오븐에서 1시간 30분 동안 굽는다. 오븐의 문을 열지 않고 팬닝된 상태로 최소 3시간 이상 식힌다.

크림 토핑 만들기:

4. 머랭이 구워지는 동안 토핑을 만든다. 중간 크기의 믹싱볼에 달걀노른자, 옥수수 전분을 넣고 섞는다. 냄비를 중불에 올리고 생크림과 설탕을 넣는다. 설탕이 모두 녹을 때까지 저어주면서 끓인다.

5. 불에서 내리고 뜨거운 생크림을 달걀노른자가 담긴 믹싱볼에 천천히 붓고, 계속 빠르게 휘저어 균일한 질감의 혼합물로 만든다. 믹싱볼의 내용물을 냄비에 다시 붓고 중약불에 올린다. 식용 색소를 넣고 크림 토핑이 약간 걸쭉해지고 색깔이 균일해질 때까지 1분간 계속 젓는다. 깨끗한 믹싱볼에 붓고 비닐랩으로 덮은 후 1시간 이상 식힌다.

6. 머랭을 접시에 올리고 크림 토핑을 뿌린 후 신선한 베리로 장식한다. 머랭이 녹기 전에 빨리 먹는다.

"빵이 없으면 케이크를 먹으라고 해"

죽음의 입맞춤

어두운 베리와 새콤한 타트체리가 조화를 이루는 우아한 칵테일이다. 심장박동이 느려진 위도우메이커는 기력을 유지하는 데 에너지를 거의 쓰지 않기 때문에 하루를 마무리할 때 식사 대신, 약간의 기분 전환용 음료를 마시는 걸 좋아한다. 위도우메이커는 유서 깊은 석조 홀의 꺼져가는 벽난로와 차가운 바람 옆에 앉아 이 칵테일을 마신다.

프랑스 • 위도우메이커

분류: **음료**

 제조 시간: 5분　　 분량: 1잔　　 식단: 글루텐 프리, 채식주의

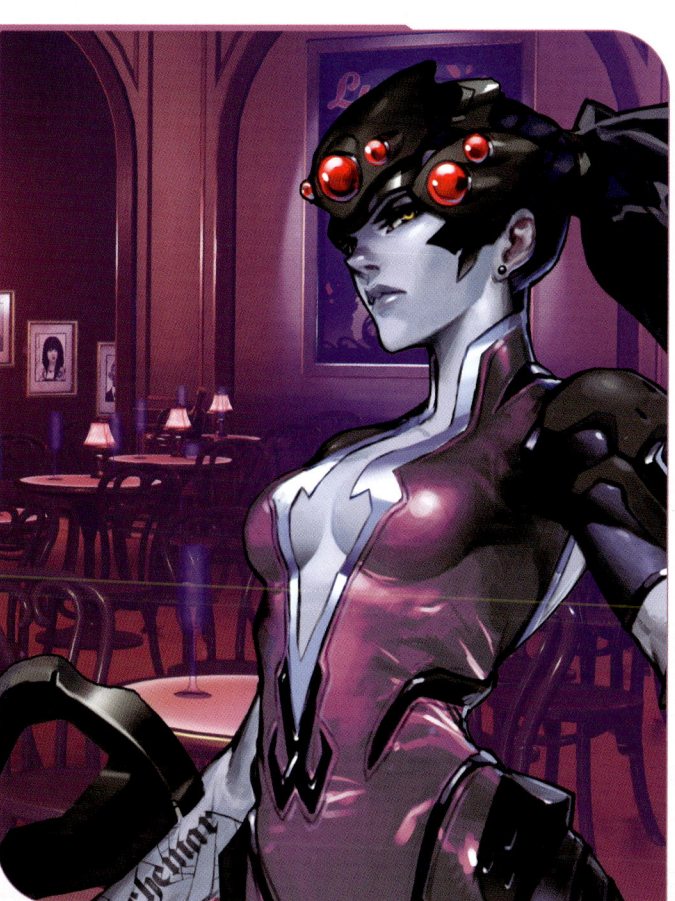

» 타트체리 주스 20mL
» 카시스 7mL
» 차가운 샴페인 90~120mL 기호에 맞게 준비
» 블루베리와 같은 보라색 베리류 과일 몇 알

1. 플루트잔이나 쿠페잔에 타트체리 주스와 카시스를 붓는다. 샴페인을 가득 채우고 베리로 장식한다.

Le baiser de la veuve

"르 베제 들 라 붸브 *(과부의 키스)*"

커리부어스트

커리부어스트는 바싹하게 구운 소시지와 진한 카레 소스가 어우러진 독일의 대표 길거리 음식이다. 커리부어스트만큼 혈기 왕성한 군인을 위한 완벽한 식사도 없다. 라인하르트는 기분 좋은 하루를 위해 커리부어스트 두 접시로 아침 식사를 가볍게 해결하곤 한다.

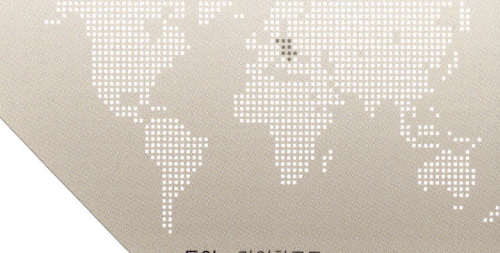

독일 · *라인하르트*

분류: *에피타이저*

 준비 시간: 10분
조리 시간: 50분

 분량: 2인분

 식단: 글루텐 프리

커리부어스트:
- » 브라트부르스트 소시지 2~4개
- » 식용유 2큰술
- » 중간크기 양파 ½개, 깍둑썰어서
- » 케첩 1½컵
- » 물 ½컵
- » 베이킹 소다 한 꼬집
- » 파프리카 가루 1작은술
- » 카레 가루 1큰술, 토핑용으로 조금 더 준비

감자튀김:
- » 러셋 감자 680g
- » 올리브오일 2~3큰술
- » 천일염

커리부어스트 만들기:

1. 소시지 양면에 X자 모양으로 칼집을 넣는다. 프라이팬에 식용유 1큰술을 두르고 중불에 올린다. 소시지의 양면이 노릇하고 바삭해질 때까지 5분간 굽는다.

2. 익힌 소시지를 키친타월을 깔아 놓은 접시로 옮기고 식지 않게 보관한다. 식용유 1큰술과 양파를 소시지를 구웠던 프라이팬에 넣고 양파가 투명해질 때까지 볶는다.

3. 볶은 양파와 남은 재료를 전부 냄비에 넣고 걸쭉해질 때까지 5분간 끓인다. 불에서 내리고 핸드블렌더로 곱게 갈아 소스를 만든다.

감자튀김 굽기:

4. 오븐을 230°C로 예열하고 오븐팬에 올리브오일을 고루 바른다. 감자를 0.5cm 두께로 채썬다. 커다란 믹싱볼에 감자를 넣고 끓는 물을 붓는다. 10분간 그대로 담가둔다.

5. 감자를 체에받쳐 물기를 빼고, 마른행주나 키친타월로 두들겨 최대한 물기를 제거한다. 준비된 오븐팬에 감자를 넣고 올리브오일과 소금을 뿌린다. 오븐에 20분간 굽는다. 감자를 한번 뒤집고 5~10분간 더 굽는다.

6. 구운 소시지와 감자튀김을 접시에 담는다. 그 위에 소스를 뿌리고 카레 가루를 취향껏 뿌려서 먹는다.

"커리부어스트 먹을 시간은 있겠지?"

케제슈페츨레

케제슈페츨레는 부드럽게 삶은 밀가루 반죽에 진한 치즈 소스와 달콤한 양파를 얹은 독일의 대표적인 전통음식이다. 케제슈페츨레는 어떤 요리에나 완벽하게 어울린다.

라인하르트는 평생 동안 이 요리를 주식으로, 때로는 육즙이 풍부한 고기와 곁들여 즐겨 먹었다. 크루세이더의 해체, 오버워치의 해체 이후에도 케제슈페츨레는 라인하르트가 낙담할 때 기운을 북돋워준다.

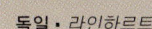

독일 • 라인하르트

분류: 소울 푸드

 준비 시간: 5분
손질 시간: 1시간
조리 시간: 30분

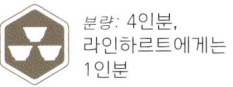 분량: 4인분, 라인하르트에게는 1인분

 식단: 채식주의

슈페츨레:
- » 중력분 2컵
- » 달걀 4개
- » 소금 1작은술
- » 물 ½ 컵
- » 0.5%~1% 농도의 소금물

소스:
- » 에멘탈 치즈 또는 체다 치즈 200g, 갈아서
- » 무염버터 4큰술
- » 중간 크기 양파 1개, 잘게 다져서
- » 황설탕 조금
- » 파슬리

스패츨 만들기:

1. 중간 크기 믹싱볼에 달걀, 소금, 물을 넣고 섞는다. 밀가루를 조금씩 넣어가며 끈적하지만, 너무 걸쭉하지 않은 상태가 될 때까지 핸드 믹서로 반죽한다. 반죽은 스패츨 프레스를 통과할 수 있을 정도의 농도여야 한다. 믹싱볼을 비닐랩으로 덮어 1시간가량 그대로 두어 글루텐이 형성되도록 한다.

2. 스패츨을 만들 준비가 되면 오븐을 205°C로 예열하고 커다란 오븐팬에 버터를 고루 바른다. 커다란 냄비에 소금물을 끓인다. 반죽을 한 주걱 크게 떠서 스패츨 프레스에 넣는다. 스패츨 프레스를 눌러 끓는 소금물에 스패츨을 넣는다. 스패츨이 물 위로 떠 오르면 건져낸다.

완성하기:

3. 모든 스패츨이 알맞게 익으면 준비된 오븐팬에 스패츨과 치즈를 번갈아 층층이 쌓는다. 치즈가 녹고 노릇해질 때까지 15분간 굽는다.

4. 스패츨이 구워지는 동안 캐러멜라이즈드 어니언을 만든다. 중간 크기 냄비에 버터를 넣고 중약불로 녹인 후 양파를 넣는다. 양파가 투명해지기 시작하면 황설탕을 넣는다. 양파가 부드러워지고 진한 갈색이 될 때까지 볶는다. 불에서 내린다.

5. 스패츨을 오븐에서 꺼낸다. 캐러멜라이즈드 어니언을 고루 얹는다. 다시 오븐에 넣어 10분간 더 굽는다. 다진 파슬리를 뿌려 장식한다.

"한 접시 더!"

아이헨발데 케이크

검은 숲 한가운데 위치한 버려진 마을 아이헨발데는 특산품인 베리를 넣은 케이크로 유명했다. 폭신폭신한 크림, 상큼하고 과즙이 가득한 베리가 진한 초콜릿케이크와 어우러져 멋진 디저트를 완성한다. 라인하르트에게 아이헨발데는 발데리히 폰 아들러를 잃은 아픈 기억을 간직하고 있는 장소이지만, 이 케이크는 그가 스승으로부터 배운 모든 것을 기억하고 소중히 간직할 수 있도록 도와준다.

독일 • 라인하르트

분류: **축제 음식**

 준비 시간: 15분
굽는 시간: 25분

 분량: 케이크 1판, 푸짐한 8인분

 식단: 채식주의

케이크:
- » 중력분 2컵
- » 무가당 코코아 파우더 1컵
- » 베이킹파우더 2작은술
- » 베이킹 소다 1작은술
- » 소금 1작은술
- » 무염버터 ½컵, 부드럽게 해서 준비
- » 설탕 1컵
- » 달걀 2개
- » 바닐라 익스트랙 1작은술
- » 우유 1½ 컵
- » 끓는 물 ½ 컵

프로스팅:
- » 생크림 2½컵
- » 바닐라 익스트랙 1작은술
- » 슈가 파우더 ¼컵
- » 가당 코코아 파우더 ¼컵
- » 베리류 과일 믹스 1kg
- » 민트 잎

1. 오븐을 175°C로 예열한다. 지름 20cm 크기의 원형 케이크팬 두 개에 버터를 고루 바르고 밀가루를 뿌린다. 작은 믹싱볼에 밀가루, 코코아 파우더, 베이킹파우더, 베이킹 소다, 소금을 넣고 섞은 다음 잠시 한쪽으로 치워둔다.

2. 커다란 믹싱볼에 버터와 설탕을 넣고 휘핑한다. 그 후 달걀과 바닐라 익스트랙을 넣고 섞는다. 우유와 1에서 만든 밀가루 혼합물을 번갈아서 넣어가며 부드러운 상태가 될 때까지 섞는다. 마지막으로 끓는 물을 넣고 뭉치는 부분이 없도록 꼼꼼히 섞는다. 반죽을 두 개의 케이크팬에 나누어 담는다. 케이크 시트 가운데를 이쑤시개로 찔렀을 때 설익은 반죽이 묻어 나오지 않을 때까지 25분간 굽는다. 식힘망으로 옮겨 완전히 식힌 후 팬에서 꺼낸다.

3. 케이크 시트가 식는 동안 프로스팅을 만든다. 생크림, 바닐라 익스트랙, 설탕, 코코아 파우더를 커다란 믹싱볼에 넣는다. 핸드 믹서로 단단한 뿔이 만들어질 때까지 휘핑한다.

4. 케이크 시트 하나를 접시에 올린다. 그 위에 프로스팅을 얇게 펴 바르고 신선한 베리를 올린다. 베리 위에 프로스팅을 한 번 더 얇게 펴 바른 다음 남은 케이크 시트를 올린다. 남은 프로스팅을 케이크 위에 펴 바르거나 짤주머니에 담아 장식한 후 남은 베리와 민트 잎으로 장식한다.

"독일의 기술력은 세계 제일!"

알트비어볼레

라인하르트의 갑주 안에는 명예로운 삶과 영광스러운 죽음에 대한 끝없는 열정을 가진 유쾌한 남자가 숨어 있다. 이 유쾌한 현대판 기사가 알트비어볼레 한 잔을 손에 들고 있으면 모든 사람의 시선을 사로잡는다. 과일의 산뜻한 향과 달콤한 시럽이 흑맥주와 놀라운 조화를 이룬다. 여름철 야외 파티에 어울리는 훌륭한 음료이다.

독일 • 라인하르트

분류: 소울 푸드

 준비 시간: 5분
조리 시간: 5분
침출 시간: 최소 2시간~하룻밤

 분량: 2잔

 식단: 채식주의

» 설탕 ¼컵
» 물 ¼컵
» 사과 1개, 심을 제거하고 깍둑썰어서
» 딸기 ½컵, 얇게 잘라서
» 라즈베리 ½컵
» 독일산 알트비어 1L (엠버에일이나 스타우트 맥주로 대체 가능)
» 민트나 베리류 과일

1. 작은 냄비를 중불에 올리고 설탕과 물을 넣는다. 설탕이 모두 녹을 때까지 저으면서 끓인다. 사과, 딸기, 라즈베리를 믹싱볼에 넣고 따뜻한 설탕물을 붓는다. 모든 재료들의 맛이 우러나도록 최소 2시간, 또는 하룻밤 동안 그대로 둔다.

2. 과일과 시럽을 파인트잔 두 개(라인하르트의 경우 슈타인잔 한 개)에 나누어 담고 흑맥주를 붓는다. 민트와 베리로 장식하고 즐긴다!

팁: 글루텐 프리를 원한다면 글루텐 프리 맥주를 선택하거나 맥주 대신 하드 사이다를 선택하도록 한다.

"건배!"

가니메데스 프리챌

안타깝게도 프레즐은 위험을 감지해도 경계 모드로 변신하지 않는다. 그래도 프레즐은 온갖 재미있는 모양으로 만들 수 있다.

    자연과 사랑하는 바스티온은 갈등을 피하고자 숲속으로 들어갔지만, 가끔은 순수한 호기심이 발동할 때가 있다. 바스티온은 검은 숲 외곽의 작은 마을에서 주민들이 대대로 새 모양으로 프레즐을 만들고 있는 것을 발견했다.

독일 • 바스티온

분류: 소울 푸드

 준비 시간: 50분
발효 시간: 1시간
굽는 시간: 12~15분

 분량: 8개

 식단: 채식주의

- » 따뜻한 물 6½컵
- » 황설탕 2큰술
- » 소금 ½작은술
- » 인스턴트 이스트 2작은술
- » 무염버터 3큰술, 녹여서
- » 중력분 4컵
- » 베이킹 소다 ⅓컵
- » 굵은소금(선택 사항)
- » 코리앤더 씨드 가루 ½작은술 (선택 사항)
- » 팬넬 씨드 ½작은술(선택 사항)
- » 건 블랙 커랜트, 눈 장식용
- » 껍질 벗긴 아몬드, 부리 장식용

1. 커다란 믹싱볼에 따뜻한 물 1½컵, 황설탕, 소금, 이스트, 버터를 넣고 섞는다. 반죽이 믹싱볼에 달라붙지 않는 상태가 될 때까지 중력분을 한 번에 한 컵씩 넣어가며 반죽한다.

2. 밀가루를 살짝 뿌린 작업대에 반죽을 올리고 찔렀다 다시 튀어 오르는 상태가 될 때까지 반죽한다. 믹싱볼에 식용유를 두루 바르고 반죽을 넣는다. 믹싱볼을 비닐랩으로 1시간 동안 따뜻한 곳에서 발효시킨다.

3. 오븐을 205°C로 예열하고 오븐팬에 유산지를 깐다. 남은 따뜻한 물 5컵과 베이킹소다를 중간 크기의 냄비에 넣고 끓인다. 발효된 반죽을 주먹으로 살살 쳐서 가스를 뺀 다음 8등분 한다. 각 반죽을 손바닥으로 밀어서 가운데는 볼록하지만, 양쪽 끝으로 갈수록 얇아지는 25cm 길이의 반죽을 만든다.

4. 각 반죽의 양쪽 끝을 잡고 두 번 꼬아준다. 매듭의 한쪽 끝을 납작하게 만들어 꼬리 부분을 만들고, 다른 쪽 끝은 머리 부분으로 남겨둔다. 남은 반죽들도 이 과정을 반복한다. 반죽을 끓는 물에 넣는다. 반죽이 가라앉았다가 물 위로 떠 오른 후 1분이 지나면 부풀어 오를 것이다. 반죽이 떠올라서 부풀어 오르면 건져서 오븐팬 위에 올려놓는다.

5. 프레즐 반죽 위에 굵은소금, 코리앤더 씨드, 펜넬 씨드를 취향껏 뿌리고, 작은 칼로 눈과 부리 부분에 구멍을 뚫는다. 건포도로 눈을 만들고, 아몬드로 부리를 만든다. 프레즐이 노릇해질 때까지 15분간 굽는다.

"룰룰루 룰루"

새 모이

사람들은 가끔 인간관계에 지쳐 숲으로 숨어들곤 한다. 하지만 이것은 바스티온 또한 그랬다... 새들은 옴닉을 차별하고 파괴하려 들지 않았다.

    가니메데스는 둥지 짓는 기술이 부족해, 한곳에 정착하지 못하고 바스티온과 함께 여행을 하고 있다. 먹이가 부족한 겨울에는 야생 조류들의 삶이 힘들 수 있다. 이 레시피대로 새 모이를 만들어 새들이 자주 다니는 곳에 매달아 나만의 깃털 친구를 만들어보자.

독일 • 바스티온

분류: **분류 불가**

 준비 시간: 20분
굳힘 시간: 하룻밤

 분량: 10개

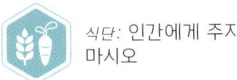 식단: 인간에게 주지 마시오

» 젤라틴 4큰술
» 끓는 물 1컵
» 견과류 버터 3큰술
» 새 모이 믹스 4컵

1. 오븐팬에 유산지를 깔고 새 모양 쿠키 커터를 10개 정도 준비한다.

2. 젤라틴을 커다란 믹싱볼에 넣고 끓는 물을 붓는다. 젤라틴이 녹을 때까지 젓는다. 견과류 버터를 넣고 녹을 때까지 젓는다. 마지막으로 새 모이를 넣고 모든 재료가 어우러지도록 꼼꼼히 섞는다.

3. 새 모이 반죽을 숟가락으로 떠서 쿠키 커터를 채운다. 반죽을 모두 사용할 때까지 이 과정을 반복한다. 쿠키 커터를 냉장고에 넣고 밤새 식힌다. 이렇게 만든 새 모이에 구멍을 뚫고 줄로 엮어서 야생 조류들이 먹을 수 있도록 걸어 둔다.

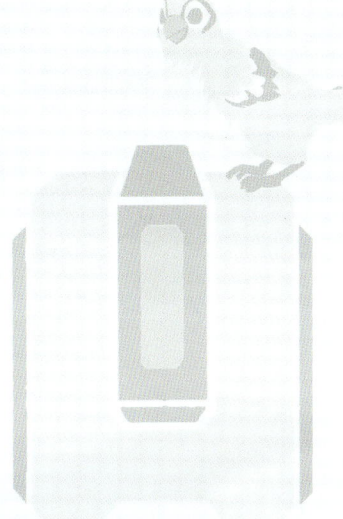

"뿌뿌 뿌뿌뿌"

비르허 뮤즐리

이 섬세한 스위스식 오트밀은 20세기 초 생식 위주의 식단으로 환자들을 치유하고자 했던 의사 비르허베너의 이름을 따서 명명되었다. 독보적인 의료 기술을 가지고 있는 메르시도 항상 새로운 의료 기술을 탐구하고 적용하려고 노력한다. 뮤즐리의 기원을 생각하면 메르시가 비르허 뮤즐리를 추천하는 것은 어쩌면 당연한 일이다. 겐지도 처음엔 거부했지만, 시간이 지나면서 좋아하게 되었다는 소문이 있다.

　건강하고 영양가가 풍부한 비르허 뮤즐리는 견과류와 사과가 다채로운 식감을 주고, 애플사이다 식초의 약간의 시큼함이 귀리의 부드러운 단맛과 균형을 이루고 있다.

스위스 • *메르시*

분류: *에피타이저*

 불리는 시간: 적어도 8시간~하룻밤
조리 시간: 5분

 분량: 2인분

 식단: 글루텐 프리, 채식주의

- » 뮤즐리 또는 오트밀 4큰술
- » 물 6큰술
- » 사과 1개, 씨를 제거하고 갈아서
- » 애플사이다식초 1큰술
- » 연유 1큰술
- » 아몬드, 헤이즐넛, 신선한 과일 또는 건조 과일과 같은 토핑들, 취향껏

1. 오트밀, 물, 사과, 애플사이다식초를 작은 믹싱볼에 넣고 섞는다. 뚜껑을 덮고 밤새 또는 최소 8시간 이상 동안 그대로 둔다.

2. 불린 오트밀에 연유를 넣고 저어준 후 원하는 토핑을 올린다. 상온 그대로 먹거나 따뜻하게 데워서 먹는다.

"아스피린 두 알 드시고, 아침에 연락하세요"

바슬러 브런슬리

풍미 가득한 쿠키는 18세기 스위스 바젤에서 시작되었으며 그 이후로 스위스 대표적인 스위스의 전통 음식으로 자리 잡았다. 특히 연말에 인기가 많은 바슬러 브런슬리는 향신료와 진한 아몬드 풍미가 가득하다.

메르시는 다양한 의료 기술을 가지고 있지만 때로는 가장 간단한 방법이 가장 좋은 치료법이라는 것을 잘 알고 있다. 쿠키가 가져다주는 기쁨은 모든 종류의 질병을 치료할 수 있다.

스위스 • 메르시

분류: **축제 음식**

- » 아몬드 가루 ¾컵
- » 설탕 ½컵
- » 다크초콜릿칩 85g
- » 시나몬 파우더 1작은술
- » 정향 가루 한꼬집
- » 달걀흰자, 달걀 1개분량, 풀어서
- » 슈가 파우더

 준비 시간: 10분
휴지 시간: 2시간
건조 시간: 3시간
굽는 시간: 약 15분

 분량: 24개

 식단: 글루텐 프리, 채식주의

1. 아몬드 가루, 설탕, 다크초콜릿칩, 향신료, 달걀흰자를 푸드 프로세서에 넣고 곱게 간다. 반죽을 비닐에 싸서 최소 2시간 또는 하룻밤 동안 숙성한다.

2. 오븐팬에 유산지를 깐다. 작업대에 숙성한 반죽을 올린다. 밀대를 활용해 0.6cm 두께로 밀어낸다. 반죽을 쿠키 커터를 활용해 원하는 모양으로 자른다. 반죽을 유산지를 깐 오븐팬으로 옮긴다. 쿠키 윗면이 마를 때까지 최소 3시간 이상 그대로 두거나 냉장고에 밤새 둔다.

3. 오븐을 150°C로 예열하고 쿠키가 약간 부풀어 오를 때까지 15분간 굽는다. 팬닝된 상태로 5분간 식힌 후 식힘망으로 옮겨 마저 식힌다.

"스위스제 초콜릿 쿠키를 드릴게요, 초콜릿하면 스위스죠"

알파인 치즈 수프

샬레 수프라고도 불리는 이 따뜻하고 영양가 많은 수프는 스위스 서부 산악 지대에서 탄생했다. 만들기 쉽고 섬유질과 영양소가 풍부하며 진한 치즈 맛이 난다. "빈 잔에서는 아무것도 따를 수 없다"라는 스위스 속담처럼 메르시는 의사가 기운이 없다면 환자를 돌볼 수 없다는 것을 잘 알고 있다. 메르시는 피곤할 때 따뜻한 알파인 치즈 수프 한 그릇을 먹고 기운을 차린다.

스위스 • 메르시

분류: **소울 푸드**

 준비 시간: 30분   분량: 4인분   식단: 글루텐 프리, 채식주의

- » 무염버터 1큰술
- » 커다란 리크 1개, 하얀부분만 사용, 깍둑썰어서
- » 커다란 당근 2개, 잘게 다져서
- » 야채 스톡 2컵
- » 우유 1컵
- » 감자 1개, 껍질을 벗기고 큼직하게 썰어서
- » 시금치 ½컵, 잘게 썰어서
- » 에멘탈 치즈 또는 그뤼에르 치즈 2컵, 갈아서
- » 생크림 ¼컵
- » 소금과 후추, 취향에 맞게 준비

1. 중간 크기 냄비에 버터를 넣고 중불에 올린다. 리크와 당근을 넣고 리크가 투명해질 때까지 몇 분간 볶는다. 야채 스톡, 우유, 감자를 넣고 뚜껑을 덮은 후 20분가량 끓인다.

2. 냄비 뚜껑을 열고 시금치를 넣어 1분 정도 저으면서 익힌다. 수프를 계속 저으면서 치즈를 조금씩 넣는다. 치즈가 다 녹았다면, 소금과 후추로 간을 맞춘 후 생크림을 살짝 뿌려 마무리한다.

"도움이 필요한 분들을 도왔다는 것만으로 충분합니다"

발키리의 비상

알프스산맥의 산비탈에서 자란 꽃과 야생 꿀벌에서 얻은 꿀, 그리고 약간의 강력한 알코올이 함유된 이 음료는 몸을 따뜻하게 하고 장기적으로는 면역 체계를 개선해준다. 카페인이 함유된 홍차를 사용한 영국식 토디와는 달리 이 음료는 진정 효과가 있는 캐모마일을 사용하여 안정을 유도한다.

   치글러 박사는 좋은 차 한 잔이 신체뿐만 아니라 영혼에도 치유 효과가 있다는 것을 잘 알고 있으며, 특히 생명을 위협하는 수난을 겪은 후 신경을 이완시키는 데 브랜디 한 모금이 도움이 된다는 것을 잘 알고 있다.

스위스 • 메르시

분류: **음료**

 제조 시간: 5분   분량: 1잔   식단: 글루텐 프리, 채식주의

» 캐모마일 티백 1개
» 끓는물 1½컵
» 꿀, 취향에 맞게 준비
» 엘더플라워 리큐르 30mL
» 브랜디 30mL
» 신선한 레몬즙 몇방울
» 레몬 껍질

1. 캐모마일 티백을 머그컵에 넣고 끓는 물을 붓는다. 꿀을 넣고 저은 후 5분 정도 차를 우린다.

2. 티백을 건져내고 엘더플라워 리큐르, 브랜디, 레몬즙을 넣는다. 레몬 껍질 조각으로 장식한다. **치료를 시작할게요.**

팁: 무알코올 버전에서는 주류를 생략해도 좋습니다.

"발키리 슈트, 가동!"

보르쉬

시베리아의 뼛속까지 시린 엄청난 추위 속에서 보르쉬의 선명한 분홍색은 삭막한 식탁에 활기를 불어넣는다. 자리야는 어린 시절 훈련을 앞두고 주로 보르쉬를 먹었다. 자리야의 어머니는 단백질을 보충시키기 위해 국물에 달걀흰자를 넣곤 했다. 이 수프에 대한 자리야의 애정과 그녀의 머리 색깔이 관련 있는지는 약간 논쟁의 여지가 있다.

러시아 • 자리야

분류: **에피타이저**

 준비 시간: 15분 / 조리 시간: 40분

 분량: 4인분

 식단: 글루텐 프리

- » 무염버터 1큰술
- » 커다란 양파 1개, 깍둑썰어서
- » 마늘 4톨, 다져서
- » 커다란 당근 1개, 깍둑썰어서
- » 비트 450g, 껍질을 벗기고 한 입 크기로 썰어서
- » 치킨스톡 6컵
- » 중간 크기 감자 2개, 껍질을 벗기고 깍둑썰어서
- » 신선한 딜 1작은술, 장식용으로 조금 더 준비
- » 레드와인식초 1작은술
- » 설탕 ¼작은술
- » 사워크림, 취향에 맞게 준비

1. 커다란 냄비를 중불에 올리고 버터, 양파, 마늘을 넣는다. 양파와 마늘이 노릇해질 때까지 볶는다. 냄비에 당근, 비트, 치킨 스톡을 넣는다. 뚜껑을 덮고 10분간 끓인다.

2. 냄비에 감자, 딜, 식초, 설탕을 추가로 넣는다. 뚜껑을 덮고 30분간 끓인다. 익힌 비트의 절반을 덜어서 잠시 한쪽으로 치워둔다.

3. 냄비에 사워크림을 넉넉히 넣은 다음 핸드블렌더를 사용해서 곱게 간다. 아까 건져 두었던 비트를 넣는다. 국자로 떠서 그릇에 담고 딜과 사워크림을 곁들여서 따뜻할 때 먹는다.

"하하, 연습이 완벽을 만들죠"

펠메니

고소한 고기를 얇은 만두피로 감싼 중앙아시아식 만두이다. 삶아서 수프에 넣거나 녹인 버터에 버무린 후 사워크림과 딜이나 파슬리 같은 신선한 허브를 곁들여 먹는다. 시베리아의 외딴 마을에서 자란 자리야는 고기와 밀가루로 만든 따뜻한 펠메니를 좋아한다.

러시아 • *자리야*

분류: 소울 푸드

준비 시간: 15분
손질 시간: 30분
조리 시간: 40분

 분량: 푸짐한 4인분

 식단: 해당 없음

만두피:
- » 무염버터 ¼컵
- » 소금 1작은술
- » 중력분 3 컵
- » 달걀 1개
- » 차가운 물 1컵

만두소:
- » 중간 크기 양파1개, 깍둑썰어서
- » 마늘 4톨, 다져서
- » 파슬리 한단, 장식용으로 조금 남겨둔다
- » 딜 한줌, 장식용으로 조금 남겨둔다
- » 다진 소고기 450g
- » 다진 돼지고기 450g
- » 소금과 후추, 취향에 맞게 준비
- » 월계수잎 2장
- » 사워크림, 취향껏

만두피 반죽하기:

1. 커다란 믹싱볼에 버터, 소금, 중력분을 넣고 뭉치는 부분이 없도록 꼼꼼히 섞는다. 달걀을 넣고 반죽이 너무 끈적이지 않을 정도로만 물을 조금씩 넣어가며 섞는다. 덧가루를 살짝 뿌린 작업대에 반죽을 올리고 2~3분 동안 반죽한다. 반죽을 젖은 면포로 덮고 만두소를 만드는 동안 실온에서 30분 동안 숙성한다.

만두소 만들기:

2. 양파, 마늘, 파슬리, 딜을 푸드 프로세서에 넣고 잘게 다진다. 다진 고기, 소금, 후추, 다진 양파와 향신료를 커다란 믹싱볼에 넣는다. 모든 재료가 어우러질 때까지 섞는다.

3. 반죽을 4등분한다. 1개의 반죽을 다루는 동안 나머지 반죽은 마르지 않게 보관한다. 반죽 한덩이를 덧가루를 살짝 뿌린 작업대에 올리고 0.3cm 두께로 아주 얇게 밀어낸다.

4. 동그란 쿠키 커터를 사용하여 지름 5cm~8cm 정도 되는 원 모양으로 만두피를 찍어낸다. 만두피 중앙에 만두소를 2티스푼 넣는다. 만두피를 반으로 접고 가장자리를 손가락 끝으로 눌러 반달 모양으로 봉합한다. 그런 양 모서리를 잡고 구부려서 또아리를 틀어 최종 모양을 만든다. 남은 만두피와 소도 똑같이 반복한다.

5. 커다란 냄비에 물을 담고 끓인다. 끓는 물에 펠메니를 한 번에 몇 움큼씩 넣는다. 펠메니가 바닥에 붙지 않도록 가끔 저어주면서 5분에서 10분 동안 삶는다. 펠메니가 다 익으면 물 위로 떠오를 것이다. 물에서 꺼내서 따뜻할 때, 사워크림과 딜과 파슬리를 함께 곁들여 먹는다.

"자! 팔굽혀펴기 20회 실시!"

메도빅

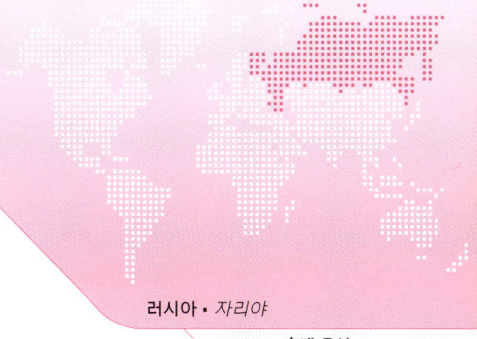

메도빅을 만드는데 사용되는 재료와 방법은 천차만별이지만, 자리야는 역도 대회에서 우승을 했을때 이 특별한 레시피로 만든 메도빅을 즐겨 먹었다.

쿠키와 비슷한 시트는 겹겹이 쌓인 아이싱과 어우러져 부드러운 맛을 선사한다. 크래커의 투박함과 꿀의 숙성된 풍미, 시큼달콤한 사워크림이 조화를 이루고 있다.

러시아 • 자리야

분류: **축제 음식**

 준비 시간: 20분
굽는 시간: 20분
식힘 시간: 8시간~하룻밤

 분량: 케이크 1개, 약 8인분

 식단: 채식주의

케이크:
- » 무염버터 4큰술
- » 백설탕 ¾컵
- » 꿀 4큰술
- » 달걀물, 3개분
- » 베이킹 소다 1작은술
- » 중력분 3컵

아이싱:
- » 생크림 1컵
- » 슈가 파우더 1컵
- » 사워크림 450g

케이크 만들기:

1. 오븐을 175°C로 예열하고 오븐팬에 유산지를 깐다. 중간 크기의 냄비에 버터를 넣고 중약불로 녹인 다음 설탕을 넣고 잘 섞이도록 저어준다. 별도의 믹싱볼에 꿀, 달걀, 베이킹 소다를 넣고 섞는다. 이 혼합물을 설탕과 버터가 담긴 냄비에 넣고 계속 저어준다. 설탕이 타지 않도록 바닥을 긁으면서 중약불에서 계속 저어준다. 10분 정도 지나면 혼합물이 부풀어 오르고 진한 황금색으로 변할 것이다. 불에서 내린다.

2. 냄비에 밀가루를 조금씩 넣어가며 반죽이 냄비에서 섞기 어려워질 상태가 되면 깨끗한 작업대 위로 옮긴다. 끈적이지 않고 부드럽고 유연한 상태가 될 때까지 반죽한다. 반죽을 8등분으로 나눈다. 그런 다음 한 번에 하나씩 작업하면서 덧가루를 살짝 뿌린 작업대에 반죽을 최대한 얇게 편다. 팬이나 냄비 뚜껑을 사용해 지름 20~25cm의 원으로 자른다. 잘라낸 반죽 조각은 잠시 한쪽으로 치워둔다.

3. 케이크 반죽을 한 번에 2개씩, 준비된 오븐팬에 올리고 약간 부풀어 오르고 짙은 갈색이 될 때까지 5분간 굽는다. 식힘망으로 옮겨 완전히 식힌다. 남은 반죽도 같은 과정을 반복한다.

아이싱 만들기:

4. 생크림을 중간 크기 믹싱볼에 넣고 단단한 뿔이 만들어질 때까지 휘핑한다. 슈기 피우디를 넣고 다시 휘핑한다. 사워크림을 넣고 부드럽게 섞는다.

5. 케이크 시트 1장을 접시에 올린다. 그 위에 아이싱을 한 주걱 올리고 골고루 펴 바른다. 그 위에 케이크 시트를 하나 더 올린 다음 아이싱과 케이크 시트를 계속 쌓아 올린다. 케이크의 윗면과 옆면에도 아이싱을 입혀 케이크를 완성한 다음 냉장고에 밤새 또는 최소 8시간 이상 넣어 굳힌다.

6. 케이크가 식는 동안 잘라낸 반죽 조각을 푸드 프로세서에 넣고 거친 빵가루와 같은 질감이 될 때까지 갈아준다. 냉장고에서 케이크를 꺼내 이 부스러기를 케이크의 윗면과 옆면에 뿌리고 부드럽게 눌러준다. 진한 차나 커피와 함께 먹는다.

"이 승리를 즐깁시다"

슈퍼 노바

한 기획력 있는 바텐더가 러시아의 수호자 알렉산드라 자리야노바의 이름을 따서 이 칵테일을 만들었고, 상트페테르부르크에서 선풍적인 인기를 끌게 되었다. 보기보다 도수가 높아 가볍게 한잔하려는 사람에게는 권장하지 않는다. 물론, 강인함의 상징인 자리야는 칵테일의 도수 따위는 신경 쓰지 않는다.

화이트 러시안에 분홍색을 살짝 첨가한 이 칵테일을 마시면 이전에는 불가능해 보였던 일에 다시 도전할 수 있는 자리야의 용기를 얻을 수 있다.

러시아 • 자리야

분류: *음료*

 제조 시간: 5분   분량: 1잔   식단: 글루텐 프리, 채식주의

» 생크림 90mL
» 라즈베리 앱솔루트 60mL
» 그래나딘 시럽 15mL, 취향에 맞게 준비

1. 보스턴 쉐이커에 얼음을 반쯤 채운다. 모든 재료를 쉐이커에 넣고 힘차게 흔든다. 얼음을 채운 언더락 글라스에 칵테일을 붓는다.

"러시아의 사랑을 담아!"

오세아니아

정크렛
- » 쓰레기촌 수제 버거   149
- » 죽이는 초콜릿 폭탄   151
- » 보바 어웨이   153

로드호그
- » 고철 팝콘   155
- » 페어리 브래드   157
- » "방사능" 플로트   159

쓰레기촌 수제 버거

최고의 버거를 만드는 방법은 석쇠에서 구운 패티를 사용하는 것이지만, 프라이팬에서 굽는 것도 나쁘지 않은 선택이다. 프라이팬에서 하는 요리는 모든 장소와 시간에 적합하다는 장점이 있다.

이 수제 버거는 쓰레기촌의 여왕을 속이려 만든 폭탄 수레처럼 꽉 차 있다. 요즘 정크랫의 머릿속은 좀 오락가락해서 가끔 자신이 무슨 햄버거를 좋아했는지 잊어먹는다. 로드호그는 이런 상황을 대비해 정크랫이 좋아하는 햄버거 조합을 수첩에 적어두었다.

호주 • 정크랫

분류: 에피타이저

버거:
- » 다진 소고기 350g
- » 크러쉬드 레드페퍼 1작은술
- » 마늘 1톨, 다져서
- » 소금, 취향에 맞게 준비
- » 체다 치즈 2장
- » 무염버터 2큰술
- » 통조림 파인애플링 2개
- » 적양파 2장, 링모양으로 잘라서
- » 달걀 2개

토핑:
- » 구운 햄버거 빵 2장
- » 양상추 2장
- » 토마토 2장
- » 비트 피클 4장
- » 구운 베이컨 4장

 준비 시간: 5분 / 조리 시간: 15분

 분량: 버거 2개

 식단: 해당 없음

1. 중간 크기의 믹싱볼에 다진 소고기, 크러쉬드 레드페퍼, 다진 마늘을 넣고 섞는다. 두 개의 패티를 만든다. 소금을 넉넉히 뿌린다.

2. 프라이팬을 중강 불에 올린다. 팬이 달궈지면 패티를 넣고 굽는다. 한쪽 면을 5분간 굽고 뒤집어서 5분간 더 굽는다. 패티 위에 체다 치즈 한 조각을 얹고 나머지 재료를 준비하는 동안 식지 않게 보관한다.

3. 불을 중불로 낮추고 패티를 구웠던 프라이팬에 버터를 넣는다. 파인애플을 1분 정도 갈색이 될 때까지 굽는다. 따로 보관한다. 양파를 팬에 넣고 부드러워질 때까지 몇 분간 굽는다. 이것도 따로 보관한다. 마지막으로 달걀을 넣고 노른자가 완전히 익을 때까지 3분간 굽는다.

4. 버거를 만들려면 햄버거 빵 한 장을 아래 깔고 양상추와 토마토, 비트 피클, 파인애플, 패티, 베이컨, 달걀 프라이 순으로 올리고 마지막으로 햄버거 빵을 얹는다.

"복수는 뜨거운 게 제일이지!"

죽이는 폭탄 초콜릿

달콤한 초콜릿, 재미있는 디저트, 안전성이 의심스러운 폭죽을 모두 좋아한다면 이 폭탄이 제격이다. 불꽃놀이만큼 분위기를 돋우는 것도 없다. 바삭바삭한 맛의 폭발, 감초의 독특한 냄새... 사랑스럽지 않을 게 뭐가 있을까? 정크랫은 다양한 재료를 조합해서 죽이는 폭탄 초콜릿을 만들곤 한다. 아래 레시피는 그가 즐겨 만드는 폭탄 조합이다.

호주 • 정크랫

분류: **축제 음식**

 준비 시간: 25분   분량: 약 12개   식단: 글루텐 프리, 채식주의

- » 땅콩버터 또는 다른 견과류 버터 ½컵
- » 꿀 ⅓컵
- » 코코아 파우더 ¼컵, 더스팅용으로 조금 더 준비
- » 바닐라 익스트랙, 1작은술
- » 소금 한 꼬집
- » 쌀 튀밥 2컵
- » 코코넛 플레이크 ½컵 (선택 사항)
- » 초코 칩 55g
- » 감초 젤리 몇개, 굵은 종류와 얇은 종류를 따로 준비하면 좋다

1. 중간 크기의 믹싱볼에 땅콩버터와 꿀을 넣고 섞는다. 코코아 파우더, 바닐라 익스트랙, 소금을 넣고 부드러워질 때까지 저어준다. 마지막으로 쌀 튀밥과 코코넛 플레이크(원한다면)를 넣고 섞는다. 냉장고에 넣어 15분간 굳힌다. 식으면 2큰술씩 퍼서 공 모양으로 빚은 다음 다시 냉장고에 넣고 굳힌다.

2. 폭탄을 조립하려면 얇은 감초 젤리를 2.5cm 길이의 도화선 모양으로 잘라 따로 보관한다. 굵은 감초 젤리는 1.5cm 길이로 자르고 말아 신관을 만들고 칼로 한쪽 끝에 구멍을 뚫는다. 도화선을 신관에 삽입한다. 도화선과 신관 세트를 폭탄 초콜릿 개수만큼 만든다.

3. 내열 그릇에 초콜릿 칩을 넣고 초콜릿이 전부 녹을 때까지 중간중간 저어주면서 전자레인지에 30초씩 여러 번 돌린다. 감초 젤리의 절반을 녹인 초콜릿에 담근 다음 초콜릿 볼의 윗부분에 붙인다. 초콜릿이 몇 초 안에 굳을 것이다. 나머지 초콜릿도 모두 같은 과정을 반복한 다음 접시에 담아 제공한다.

"거 불을 못 다루면 주방엔 얼씬도 말아야지!"

보바 어웨이

달콤한 타피오카 펄의 쫀득한 식감만큼 즐거운 것이 있을까? 달콤하고 부드러운 밀크 티를 마실때 딸려 올라오는 타피오카 펄은 마치 보물을 발견한 것과 같다.

모든 종류의 보물을 좋아하는 정크랫은 식사 후 타피오카 펄을 반쯤 넣은 달콤한 밀크티를 항상 마신다. 한탕 벌일 계획을 짜거나, 폭발물을 만들 때나 무언가가 터지는 것을 보는 기쁨을 만끽할 때도 타피오카 펄은 정크랫에게 활력을 불어넣어 준다.

호주 · 정크랫

분류: **음료**

 준비 시간: 20분
칠링 시간: 30분

 분량: 1잔

 식단: 글루텐 프리, 채식주의

» 익히지 않은 타피오카 펄 ¼컵
» 꿀 ¼컵
» 진한 홍차 티백 1~2개
» 끓는 물 2컵
» 연유

1. 타피오카 펄을 포장지에 적힌 조리법에 따라 준비한 다음 꿀에 담근다. 잠시 한쪽으로 치워둔다.

2. 홍차 티백 한두 개로 진한 차를 우려낸 후 티백을 제거하고 냉장고에 넣어 30분 이상 차갑게 식힌다.

3. 꿀에 담가둔 타피오카 펄을 파인트잔이나 다른 높은 잔에 붓는다. 차를 붓고 연유로 단맛을 기호에 맞게 조절한다.

"빨리! 빨리! 빨리!
나 기다리는거 싫어!"

고철 팝콘

마코 러틀리지는 인간성을 잃었을지 모르지만, 식욕은 잃지 않았다. 떠돌아다니는 생활이 규칙적인 식사에 적합한 것은 아니기 때문에 간식을 준비해 두는 것이 좋다. 바삭하고 짭짤하며 고소함고 달콤함이 어우러진 고철 팝콘은 한 번 먹기 시작하면 내려놓기 힘들다. 바삭한 견과류와 과자 위에 캐러멜을 코팅한 것은 천상의 조합이다.

호주 • 로드호그

분류: 소울 푸드

- » 팝콘 약 6~8컵
- » 라이스 첵스 씨리얼 3컵
- » 프레첼 과자 1½컵
- » 껍질 벗긴 아몬드 ¼컵
- » 무염버터 6큰술
- » 황설탕 1컵
- » 콘시럽 또는 꿀 ¼컵
- » 땅콩버터 또는 초콜릿 사탕 1컵, 넉넉하게 준비

 준비 시간: 5분
굽는 시간: 20분

 분량: 푸짐한 4인분
다만, 여러분이 로드호그라면 부족할수도..

 식단: 글루텐 프리, 채식주의

1. 오븐을 150°C로 예열하고 깊이가 있는 큰 오븐팬에 버터를 고루 바른다. 커다란 믹싱볼에 팝콘, 씨리얼, 프레즐, 아몬드를 넣고 잘 섞이도록 저어준다. 오븐팬에 넓게 펴고 잠시 한쪽으로 치워둔다.

2. 작은 냄비에 버터를 녹인 다음 황설탕과 콘시럽 또는 꿀을 넣는다. 냄비를 중강불에 올리고 거품이 나기 시작하면. 모든 재료가 어우러지고 어느 정도 걸쭉해질 때까지 저어준다. 불에서 내리고 시럽을 숟가락으로 떠서 1에서 만든 팝콘 혼합물 위에 뿌린다.

3. 팝콘이 담긴 오븐팬을 오븐에 넣고 10분간 굽는다. 오븐팬의 팝콘을 주걱으로 저어 시럽이 모든 재료와 어우러지도록 한 다음 다시 오븐에 넣어 8분간 더 굽는다. 오븐에서 꺼내 손으로 만질 수 있을 정도로 식을 때까지 완전히 식힌다. 완전히 식은 팝콘을 커다란 믹싱볼에 넣는다. 땅콩버터 사탕이나 초콜릿 사탕을 넣고 섞어서 완성한다.

"짐승의 힘이 샘솟는다! 하하, 로드호그의 시간이다"

페어리 브레드

믿을 수 없을 정도로 간단한 레시피처럼 보이지만, 시드니에서 험준한 아웃백까지 호주에선 페어리 브레드가 없는 생일 파티는 상상할 수도 없다. 크리미한 버터, 부드러운 빵, 화려한 스프링클이 모두 어우러져 독특하고 행복한 빵을 완성한다.

이 작은 빵 조각은 로드호그가 평화롭게 농장을 관리하며 세상 걱정 없이 지냈던 시절을 떠올리게 한다. 신선한 빵과 스프링클을 구하기 위해선 많은 양의 고철이 필요하지만, 로드호그는 그 수고를 마다하지 않는다.

호주 • 로드호그

분류: **축제 음식**

- » 식빵 4장
- » 무염버터 3큰술, 상온으로
- » 페어리 스프링클 ½컵
  (100s sprinkles, 1000s sprinkles, nonpareils로 많이 알려져 있다)

 조리 시간: 5분   분량: 1~4인분   식단: 채식주의

1. 식빵의 껍질 부분을 조심스럽게 잘라낸다. 각 식빵 조각에 버터를 두껍게 바른 다음 그 위에 뿌려진 스프링클을 뿌리고 부드럽게 눌러 잘 붙도록 한다. 빵을 삼각형으로 잘라 제공한다.

"내 안의 짐승이 날뛴다"

"방사능" 플로트

정오의 아웃백은 무척 덥기 때문에 열기를 식히고 기운을 북돋아 줄 음료가 필요하다. 이 소다 플로트의 짜릿한 탄산과 상쾌한 시트러스는 고철장에서 가장 만족스러운 음료가 될 것이다. 이 작은 행복은 쓰레기촌 대문 바로 안쪽에 있는 포장 전문 음식점의 주인이 생각해낸 것으로, 마코는 고철을 성공적으로 팔고 돌아오는 길에 이 중독성 있는 플로트를 사 먹었다. 지금은 쓰레기촌의 여왕이 눈치채지 못하게 담을 넘어 플로트를 사 먹곤 한다.

호주 • 로드호그

분류: **음료**

 제조 시간: 5분

 분량: 1잔

 식단: 글루텐 프리, 채식주의

» 앙고스투라 비터스 몇 방울
» 레몬 & 라임 또는 오렌지 소르베
» 레몬 & 라임 탄산음료 360mL

1. 파인트 글래스 바닥에 앙고스투라 비터 몇 방울을 떨어뜨린다. 소르베 3~4스쿱을 넣고 레몬 & 라임 탄산음료를 붓는다. 거품이 올라온다면 잠시 멈춰 거품이 가라앉을 때까지 기다렸다가 탄산음료를 잔이 가득 찰 때까지 붓는다.

팁: 음료가 더 오래 지속되도록 하려면 소르베 스쿱을 유산지를 깐 오븐팬에 떠서 7시간 이상 또는 하룻밤 동안 냉동 보관한 뒤 사용해 보세요.

"나는 재앙을 불러온다…"

아시아

겐지
- » 리키마루 라멘　　　163
- » 메밀차 푸딩　　　165
- » 옥룡차　　　167

한조
- » 후리가케 달걀밥　　　169
- » 시마다 덴푸라　　　171
- » 사쿠라 모찌　　　173

D.Va
- » MEKA 김밥　　　175
- » 잡채　　　177
- » 씨앗호떡　　　179
- » 토끼뜀 수박화채　　　181

메이
- » 콘지　　　183
- » 러우쟈뭐　　　185
- » 만터우　　　187
- » 겨울맞이 오향 코코아　　　189

시메트라
- » 파코라　　　191
- » 치긴 미살리　　　193
- » 카주 카틀리　　　195
- » 하이데라바디 라씨　　　197

젠야타
- » 틸굴 라두　　　199
- » 모모　　　201
- » 티베트 수유차　　　203

리키마루 라멘

유명한 라멘 가게에 대대로 내려오는 맛에 비견할 정도는 아니지만, 이 가정식 라면은 맛있는 라멘을 구할 수 없을 때 훌륭한 대용품이 될 수 있다. 쌀쌀하고 울적한 날이면 영양 가득한 닭고기와 꼬들꼬들한 면이 듬뿍 들어간 라멘이 생각나기 마련이다.

어린 시절 시마다 형제는 대문 바로 앞에 있는 리키마루 라멘 가게를 자주 찾았다. 형제는 누가 더 매운 라면을 먹는지 시합을 벌이곤 했다. 겐지는 행복했던 그 시절로 돌아갈 수 없다는 사실에 마음이 무겁지만, 과거의 일은 용서하고 더 희망찬 미래를 바라본다. 언젠가 먼 미래에는 형 한조와 나누어 먹었던 김이 모락모락 나는 라멘 한 그릇이 있을지도 모른다.

일본 • 겐지

분류: 에피타이저

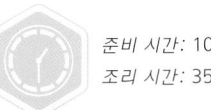 준비 시간: 10분
조리 시간: 35분

 분량: 2인분

 식단: 해당 없음

- » 닭가슴살 2개 (껍질은 그대로 두고, 뼈를 제거해서)
- » 무염버터 1큰술
- » 참기름 2작은술
- » 다진 생강 2작은술
- » 다진 마늘 3작은술
- » 간장 2큰술
- » 미림 2큰술
- » 닭 육수 4컵
- » 생 표고버섯 ½개, 어슷 썰어서
- » 달걀 2개
- » 대파 ½컵, 어슷 썰어서
- » 라면사리 2개
- » 가는 천일 염 1~2작은술
- » 소금과 후추

1. 오븐을 190°C로 예열하고 오븐팬을 준비한다. 닭가슴살에 소금과 후추를 뿌린다. 중간 크기의 프라이팬에 버터를 녹인다. 닭가슴살의 껍질 부분이 아래로 향하게 하여 껍질이 노릇해질 때까지 5분간 굽는다. 뒤집어서 5분간 더 익힌 후 닭고기를 준비해둔 오븐팬에 옮긴다.

2. 닭고기가 완전히 익을 때까지 오븐에서 15분간 굽는다. 나머지 재료를 준비하는 동안 식지 않게 보관한다.

3. 중간 크기 냄비에 기름을 두른다. 생강과 마늘을 넣고 부드러워지고 향이 날 때까지 2분간 볶는다. 간장과 미림을 넣고 1분간 더 볶은 후 닭 육수를 붓는다. 육수가 끓기 시작하고 5분이 지나면 표고버섯과 천일염을 넣는다. 10분간 더 끓인다.

4. 육수를 끓이는 동안 반숙 달걀을 만든다. 작은 냄비에 물을 3cm 정도 붓고 끓인다. 달걀을 넣고 뚜껑을 덮은 후 6분간 삶는다. 달걀이 더 이상 익지 않도록 얼음물이 담긴 그릇에 즉시 넣는다. 달걀이 식으면 껍데기를 벗기고 잠시 한쪽으로 치워둔다. 달걀을 삶았던 냄비에 물을 더 넣고 라면 사리가 부드러워질 때까지 2~3분간 삶는다.

5. 육수가 완성되면 면을 두 개의 그릇에 나눠 담는다. 닭가슴살을 얇게 썬 다음 각 그릇에 똑같이 나누어 넣는다. 파를 넣고 삶은 달걀을 반으로 잘라 각 그릇에 넣는다. 면발이 불기 전에 먹는다.

"카에다마! (면 추가!)"

메밀차 푸딩

전통적인 메밀차를 새롭게 재해석한 메밀차 푸딩은 메밀이 주는 고소함과 투박한 흙의 풍미를 가지고 있다. 시마다 일족의 요리사가 매일 훈련에 매진하던 겐지와 한조를 위해 특별히 개발했다. 어린 시절 겐지는 시마다 성 천수각 난간에 걸터앉은 채 하나무라 시내를 내려다보며 메밀차 푸딩을 먹곤 했다.

일본 • 겐지

분류: **소울 푸드**

» 생크림 1½컵
» 설탕 ¼컵
» 메밀차 ⅛컵
» 달걀 2개

 준비 시간: 15분
식힘 시간: 1시간

 분량: 1~2인분

 식단: 글루텐 프리, 채식주의

1. 작은 냄비에 생크림과 설탕을 넣고 설탕이 모두 녹을 때까지 저어가며 끓인다. 그 후 메밀차를 넣고 향이 올라올 때까지 5분간 더 끓인다.

2. 달걀을 작은 믹싱볼에 넣는다. 계속 저으면서 1에서 만든 크림 혼합물을 달걀이 담긴 믹싱볼에 붓고 부드럽게 섞어 푸딩 반죽을 만든다. 푸딩 반죽을 깨끗한 냄비에 넣은 다음 중약불에 올린다. 거품기로 저어가며 걸쭉해질 때까지 몇 분간 가열한다. 불을 끄고 그릇에 붓는다.

3. 비닐랩을 씌우고 1시간 이상 식힌 후 먹는다.

"이건 웬 보물이지?"

옥룡차

겐지는 좋아하는 향신료 몇 가지를 조합해 이 음료를 만들었다. 네팔의 샴발리 수도원에서 젠야타와 명상 하며 추운 밤을 보내는 데 큰 도움이 되었다.

일본 • 겐지

분류: **음료**

 제조 시간: 10분

 분량: 1잔

 식단: 글루텐 프리, 채식주의

- 물 1컵
- 녹차 티백 1개
- 신선한 생강 2.5cm, 얇게 슬라이스 해서
- 오이 몇조각
- 설탕 ½작은술, 취향에 맞게 준비
- 사케 60mL
- 오렌지 리큐르 30mL

1. 작은 냄비에 물, 녹차 티백, 생강, 오이, 설탕을 넣고 끓인다. 끓어오르기 시작하면 불에서 내리고 모든 재료의 맛이 우러나도록 5분간 그대로 둔다.

2. 사케와 오렌지 리큐어를 넣고 끓기 직전까지 다시 가열한 후 불에서 내린다. 내열 유리잔이나 머그컵에 걸러내어 뜨거울 때 마신다.

   팁: 기본적으로 따뜻하게 마시는 음료이지만, 고급 사케를 사용한다면 차갑게 마셔도 좋다. 사케의 풍미가 더 잘 드러날 것이다.

"차 한잔이 필요해!"

후리가케 달걀밥

시마다 일족의 큰아들 한조는 부족함 없이 자랐고, 원하는 것은 무엇이든 가질 수 있었다. 하지만 일족 장로들의 압박으로 동생을 죽인 후, 한조는 모든걸 포기하고 홀로 세계를 떠돌며 전사로서의 실력을 연마하고 있다. 강력한 시마다 일족의 지도자가 되었다면 후리가케 달걀밥처럼 소박한 음식은 절대 먹지 않았을 것이다. 하지만 이제 한조는 속죄를 향한 여정을 계속하면서 그 소박한 후리가케 달걀밥으로 한 끼를 해결하곤 한다.

일본 • 한조

분류: 에피타이저

- » 쌀 1컵
- » 물 2컵
- » 간장 ½작은술
- » 소금 한 꼬집
- » 미림 몇방울
- » 달걀 1개, 취향에 따라 달걀노른자 추가 가능
- » 후리가케(선택 사항)

 조리 시간: 25분   분량: 넉넉한 1인분   식단: 채식주의

1. 쌀을 찬물에 여러 번 씻고 체에 밭쳐 물기를 제거한다. 씻은 쌀을 중간 크기 냄비에 넣고 물을 넣는다. 뚜껑을 덮고 강불에서 5분간 끓인다. 5분 후 즉시 약불로 낮추고 뚜껑을 덮은 상태로 10분간 끓인다. 더 이상 김이 나오지 않고 "타닥타닥"하고 누룽지가 만들어지는 소리가 나기 시작하면 불에서 내린다. 뚜껑을 덮은 채로 10분간 뜸들인다.

2. 밥이 식기 전에 그릇에 담는다. 간장, 소금, 맛술, 날달걀을 넣고 재빨리 휘젓는다. 밥이 달걀과 섞여 끈적끈적하고 걸쭉해질 때까지 1분 정도 섞는다. 기호에 맞게 후리카케와 달걀노른자를 추가로 얹어 먹는다.

"용이 내가 된다!"

시마다 덴푸라

한조는 어린 시절 하나무라의 거리를 누비며 아버지가 정해놓은 임무를 부지런히 완수했다. 맡은 일이 일찍 끝나면 도시 곳곳에 있는 포장마차에 들러 튀긴 채소와 새우로 끼니를 때우곤 했다. 동생 겐지와의 치명적인 갈등 이후 한조는 자기 자신에게 더욱 엄격해졌다. 하지만 가끔 어린 시절 추억이 담긴 고소한 튀김을 먹으면서 잠시나마 긴장을 풀기도 한다.

일본 • 한조

분류: **소울 푸드**

 준비 시간: 5분
조리 시간: 20분

 분량: 2~4인분

 식단: 해당 없음

반죽:
- » 중력분 2컵
- » 차가운 달걀 1개
- » 얼음물 1컵

튀김 재료:
- » 튀김용 식용유
- » 작은 가지 ½개, 깍둑썰어서
- » 팽이 버섯 1컵
- » 작은 당근 1개, 채썰어서
- » 물밤 ½컵, 얇게 잘라서
- » 새우 12마리, 꼬리를 제거해서

1. 바닥이 깊은 냄비에 식용유를 붓고 175°C까지 가열한다.

2. 식용유가 가열되는 동안 빠르게 반죽을 만든다. 밀가루와 달걀을 섞은 후 얼음물을 넣고 꼼꼼히 섞는다. 글루텐이 생성되지 않도록 가능한 한 적게 휘젓도록 한다. 반죽을 차갑게 유지하는 것이 중요하다.

3. 채소를 반죽에 담근 후 뜨거운 식용유에 넣는다. 적정한 온도의 식용유라면 채소가 바닥으로 가라앉았다가 즉시 다시 위로 떠올라야 한다. 기름이 온도를 유지할 수 있게 한 번에 몇 조각씩만 튀긴다.

4. 채소를 전부 튀긴 후 해산물을 튀긴다. 가끔 뒤집어가며 노릇해질 때까지 2~3분간 튀긴다. 키친타월이 깔린 접시에 담아 기름기를 제거한다. 뜨거울 때 먹는다.

"맛좀 봐라!"

사쿠라 모찌

봄이 되면 하나무라의 거리는 분홍색의 아름다운 벚꽃으로 가득 찬다. 어린 시절 한조는 매년 봄, 벚꽃이 피고 하나미(花見) 기간이 시작되면, 이 분홍색 찹쌀떡을 즐겨 먹곤 했다. 부드럽고 달콤하며 벚꽃 특유의 향기가 느껴지는 이 찹쌀떡은 만드는 데 약간 손이 가지만 그만한 가치가 있다.

일본 • 한조

분류: **축제 음식**

» 찹쌀 ¾컵
» 물 ¾컵
» 설탕 1큰술
» 빨강 식용 색소 1방울
» 팥앙금 3큰술
» 소금에 절인 벚꽃잎 6장

 불리는 시간: 최소 1시간
조리 시간: 50분
레스팅 시간: 1시간

 분량: 4개

 식단: 글루텐 프리, 채식주의

1. 작은 믹싱볼에 찹쌀을 담고 따뜻한 물로 여러 번 씻는다. 물을 붓고 뚜껑을 덮어 적어도 1시간 이상 또는 하룻밤 동안 불린다. 마찬가지로 벚꽃잎도 물에 15분 정도 불린 후 키친타월이나 마른행주로 두드려 물기를 제거한다.

2. 중간 크기 믹싱볼에 불린 찹쌀과 물 ¾컵을 넣고 설탕과 붉은 식용 색소를 넣는다. 색소의 양을 잘 조절해 연한 분홍색이 되도록 한다.

3. 믹싱볼에 비닐랩을 씌우고 중간중간 한 번씩 저어주면서 전자레인지에 5분간 돌리되, 김이 나지 않도록 주의한다. 완료되면 비닐랩을 덮은 채로 5분간 뜸들인다.

4. 찹쌀이 다 익으면 절구에 찹쌀을 넣고 밥알이 다 뭉개질 때까지 찧어서 찹쌀떡 반죽을 만든다. 찹쌀 반죽을 6등분하고 팥앙금도 6등분한다.

5. 물에 적신 손으로 찹쌀떡 반죽 한 덩이를 작게 자른 비닐랩 위에 납작한 원반 모양으로 부드럽게 눌러준다. 찹쌀떡 반죽 가운데에 앙금 한 작은술을 넣고 접어 앙금이 완전히 덮이도록 한다. 비닐랩을 찹쌀떡 반죽 주위로 접고 단단히 비틀어 찹쌀떡의 모양을 잡는다. 비닐랩을 벗기고 벚꽃 잎으로 감싼다. 찹쌀떡을 1시간 정도 그대로 두어 벚꽃잎의 풍미를 흡수시킨다. 나머지 반죽도 똑같이 반복하다.

"경지에 이르면 예술이 되는 법"

MEKA 김밥

D.Va가 나초칩과 나노콜라를 좋아한다는건 공공연한 사실이다. 하지만 소고기, 달걀, 김치, 아보카도 등 D.Va가 좋아하는 재료가 들어간 MEKA 김밥이 팬들 사이에서 입소문을 타길 시작했고, 지금 부산에서는 MEKA 김밥이 선풍적인 인기를 끌고 있다.

대한민국 • D.Va

분류: **에피타이저**

- » 간장 2작은술
- » 맛술 1작은술
- » 설탕 1작은술
- » 참기름 1작은술
- » 다진 마늘 ½작은술
- » 소고기 225g, 길게 썰어서
- » 달걀 1개, 풀어서
- » 백미밥 4컵, 식혀서
- » 김밥김 4장
- » 김치 ½컵, 잘게 다져서
- » 아보카도 1개, 씨를 제거하고 얇게 잘라서

 준비 시간: 20분 / 조리 시간: 10분

 분량: 4줄

 식단: 해당 없음

1. 중간 크기의 프라이팬에 간장, 맛술, 설탕, 참기름, 다진 마늘을 넣고 중불에 올린다. 간장이 지글지글 끓기 시작하면 소고기를 넣고 완전히 익을 때까지 볶는다.

2. 불을 끄고 고기를 별도의 그릇에 담아 식힌다. 프라이팬을 깨끗이 닦은 다음 약불에 올린다. 달걀물을 붓고, 1분 정도 익힌 다음 뒤집어 반대쪽도 익힌다. 달걀을 깨끗한 접시에 옮겨 1.5cm 너비로 달걀 지단을 자른다.

3. 김밥을 말려면 밥의 ¼을 덜어 김 위에 얇게 편다. 밥의 한쪽 가장자리에 준비해둔 익힌 소고기 ¼, 달걀 ¼, 김치 ¼, 아보카도 ¼을 올린다. 모든 재료가 있는 끝부터 시작하여 조심스럽게 그러나 단단하게 돌돌 말아준다. 끝 부분의 김이 달라붙지 않으면 물을 몇 방울 떨어뜨리거나 밥알 몇 알을 붙여 김이 서로 붙도록 한다. 김밥을 도마 위에 올리고 매우 날카로운 칼을 사용하여 2.5cm 너비로 자른다. 남은 재료도 똑같이 반복한다.

"팬 여러분께 바칩니다~!"

잡채

D.Va와 대현은 대한민국의 안전을 지키는 MEKA들을 함께 수리하며 수많은 시간을 함께 보냈다. 특히 치열한 전투를 치른 후 수리할 거리가 많이 쌓이면 쉴 시간이 없어 나노라면 한 컵으로 끼니를 때우곤 한다. 하지만 가끔은 휴식을 취하며 대현이 만들어준 신선한 야채와 고소한 깨가 듬뿍 들어간 따뜻한 잡채 한 그릇을 먹는다.

대한민국 • *D.Va*

분류: **소울 푸드**

 준비 시간: 20분
조리 시간: 20분

 분량: 4~6인분

 식단: 해당 없음

잡채:
- 잡채용 당면 170g
- 시금치 한줌, 채썰어서
- 식용유
- 당근 1개, 채썰어서
- 작은 크기 양파 2개, 얇게 채썰어서
- 쪽파 2개, 채썰어서
- 표고버섯 한줌, 얇게 채썰어서
- 볶은 소고기 110g, 한입 크기로 썰어서

양념:
- 간장 ¼컵
- 설탕 2½큰술
- 참기름 2큰술
- 마늘 1~2톨, 다져서
- 참깨 2작은술
- 소금과 후추, 취향에 맞게 준비

1. 중간 크기 냄비에 물을 넣고 끓인다. 당면을 넣고 부드러워지지만 약간 설익을 때까지 8분간 삶는다. 당면을 건져낸 다음 같은 냄비에 다시 물을 끓여 시금치를 1분간 데친다. 익힌 시금치를 얼음물이 담긴 그릇에 즉시 옮겨 색이 변하는 걸 방지한다. 당면과 시금치는 잠시 한쪽으로 치워둔다.

2. 모든 양념 재료를 작은 볼에 넣고 섞어 소스를 만든다. 잠시 한쪽으로 치워둔다.

3. 중간 크기의 프라이팬에 식용유를 두르고 중불로 가열한다. 당근, 양파, 쪽파, 버섯을 넣고 부드러워질 때까지 5분간 볶는다. 볶은 채소를 별도의 그릇에 담아 잠시 한쪽으로 치워둔다. 소고기를 프라이팬에 넣고 완전히 익을 때까지 5분 정도 볶는다. 볶은 고기를 채소가 담긴 그릇에 넣는다.

4. 삶은 당면을 프라이팬에 넣고 1분 정도 볶는다. 마지막으로 양념, 익힌 채소, 고기, 시금치를 모두 프라이팬에 넣는다. 모든 재료와 양념이 어우러지도록 볶는다. 소금과 후추로 간을 맞춘다. 뜨겁게 먹어도 좋지만, 다음날 차가울 때 먹어도 맛있다.

"이거, 초보자 모드?"

씨앗호떡

부산의 명물인 씨앗호떡은 달콤한 설탕과 고소한 견과류가 조화를 이루는 맛있는 간식이다. 쫄깃한 반죽에 견과류의 바삭함이 더해져 이 특별한 간식을 완성한다.

호떡은 하나와 그녀의 친구 대현이 지키고 있는 부산의 문화, 전통, 가족의 일부이다. 대현과 하나의 희생이 있었기에 부산 시민들은 매년 겨울마다 평화로운 분위기 속에서 호떡을 사 먹을 수 있었다.

대한민국 • D.Va

분류: **축제 음식**

호떡 반죽:
- 따뜻한 우유 ½컵
- 설탕 1작은술
- 인스턴트 이스트 1작은술
- 가는 천일염 ½작은술
- 중력분 1¼컵
- 튀김용 식용유

호떡속:
- 황설탕 또는 흑설탕 ¼컵
- 계피 가루 1작은술
- 꿀 2작은술
- 땅콩 분태 2큰술
- 호두 2큰술, 다져서
- 호박씨 2큰술
- 해바라기씨 2큰술

 준비 시간: 20분
발효 시간: 1시간
조리 시간: 15분

 분량: 6개

 식단: 채식주의

1. 우유, 설탕, 이스트를 중간 크기 믹싱볼에 넣고 섞는다. 소금을 넣고 너무 끈적이지 않으면서도 부드러운 상태가 될 때까지 밀가루를 조금씩 넣어가며 반죽한다. 비닐랩으로 덮고 따뜻한 곳에서 1시간가량 발효시킨다. 반죽이 발효되는 동안 속 재료를 작은 볼에 넣고 섞어 잠시 한쪽으로 치워둔다.

2. 반죽이 충분히 발효되면 손에 기름을 살짝 바르고 반죽을 6등분한다. 한 번에 하나씩 반죽을 평평한 원반 모양으로 만든 다음 호떡속을 숟가락으로 떠서 반죽 가운데에 채운다. 반죽을 잘 모아 꼬집어 속을 완전히 감싸준다. 나머지 반죽도 똑같이 반복한다.

3. 반죽이 모두 준비되면 프라이팬에 식용유를 약간 두르고 중불로 가열한다. 반죽 1~2개를 꼬집은 면이 아래로 향하도록 팬에 올리고 기름을 두른 주걱이나 호떡 누르개로 평평하게 누른다. 30초에서 1분간 밑면이 노릇해질 때까지 튀기듯이 굽는다. 호떡을 조심스럽게 뒤집고 반대쪽도 같은 과정을 반복한다. 키친타월을 깔아 놓은 접시에 옮긴 후 남은 반죽도 같은 과정을 반복한다.

"하이라이트 영상에 넣어야지!"

토끼뜀 수박화채

송하나의 MEKA 토끼의 독특한 회피 기동 모습에서 이름을 따온 이 음료는 송하나가 공개 일정을 소화할 때 즐겨 마시는 음료이다. 하지만 어느 순간에도 부산을 지키기 위해 출동할 준비가 되어 있어야 하므로 이 음료에는 알코올이 들어가지 않는다. 상큼한 시트러스와 차가운 과일로 상큼함을 더했다.

대한민국 • D.Va

분류: **음료**

 제조 시간: 10분

 분량: 1잔

 식단: 글루텐 프리, 채식주의

» 구슬 또는 다양한 모양으로 찍어낸 수박 ½컵
» 구슬 또는 다양한 모양으로 찍어낸 멜론 ¼컵(선택 사항)
» 레몬&라임맛 탄산음료 2컵(칠성 사이다를 쓰면 좋다)
» 수박 주스 3큰술(아래 레시피 참조)
» 라임 한 조각, 장식용

1. 수박과 멜론을 작은 아이스크림 스쿱으로 퍼서 구슬 모양으로 만들거나 원하는 모양의 모양틀로 찍어낸다. 남는 수박 조각들을 갈아서 수박 주스를 만든다.

2. 탄산음료와 수박 주스를 섞어서 얼음을 반쯤 채운 유리잔에 붓는다. 수박과 멜론 조각을 올린다. 준비해둔 라임 한 조각으로 장식 한 후 즐긴다!

팁: 좀 더 진한 맛을 원하시면 과일의 양을 두 배로 늘린 다음 절반을 오븐팬에 얼리세요. 얼린 과일 조각을 얼음 대신 사용하세요.

"날아간다~!"

콘지

간단하고 맛있는 콘지는 보통 아침 식사로 즐겨 먹지만, 매끼 먹어도 질리지 않는다. 특히 추운 날씨에 몸을 따뜻하게 하는데 제격이라 에코포인트에서 근무할 때 메이가 가장 즐겨 먹던 요리 중 하나였다. 메이는 콘지를 한가득 만들고 팀원 모두와 나눠 먹곤 했다. 탐사 기지에서 겪었던 일을 생각하면 여전히 고통스럽지만, 팀원들과 함께했던 시간만큼은 즐거운 기억으로 남아있다.

중국 • 메이

분류: **소울 푸드**

» 닭 허벅지 900g, 뼈가 있는 채로
» 물 6컵
» 맛술 2큰술
» 생강 1cm, 갈아서, 토핑용으로 조금 더 준비
» 소금 한 꼬집
» 쌀 ½컵
» 대파, 다져서
» 참기름

 조리 시간: 2시간   분량: 2~4인분   식단: 글루텐 프리

1. 중간 크기 냄비를 중강불에 올린 후 닭 허벅지와 물을 넣고 30분간 끓인다. 이렇게 만든 닭 육수는 체에 걸러 깨끗한 믹싱볼에 담고, 닭 허벅지는 식을 때까지 잠시 한쪽으로 치워둔다. 닭 육수를 냄비에 붓고 맛술, 생강, 소금, 쌀을 넣는다. 약불에 올려 쌀이 완전히 익어 죽이 될 때까지 1시간 이상 끓인다. 죽의 상태를 자주 확인하면서 너무 졸아들었다면 육수나 물을 보충해 준다

2. 닭 허벅지가 식었다면 살코기를 발라 채썰고, 껍질과 뼈는 버린다. 고기의 절반은 죽에 넣어 섞고 나머지 절반은 고명으로 사용하기 위해 남겨 둔다. 죽을 그릇에 나누어 담는다. 채 썬 닭고기, 생강, 대파, 참기름을 고명으로 올려 먹는다.

"정말 메이~력적이네요!"

러우쟈뭐

메이는 실크로드의 시발점이자 여러 문화가 교차하는 독특한 요리의 본고장인 중국 시안에서 태어났다. 이 돼지고기 요리는 서양의 햄버거와 비슷하지만, 강한 향신료와 부드럽게 삶은 고기가 가득 들어 있다. 이 요리는 차가운 량피와 함께 먹으면 더욱 맛있는 조합을 이룬다.

　메이는 탐사 기지에선 삼겹살을 구하기 어려웠기 때문에 이 요리를 자주 만들지 못했지만, 이제는 세계 곳곳을 떠돌면서 만나는 사람에게 러우쟈뭐를 만들어 대접하곤 한다.

중국 • 메이

분류: 소울 푸드

 준비 시간: 5분
발효 시간: 1시간
조리 시간: 2시간

 분량: 6개

 식단: 해당 없음

속재료:

- 삼겹살 680g, 5cm 크기로 잘라서
- 대파 2대, 2.5cm 크기로 다져서
- 오향 가루 1작은술
- 월계수잎 1장
- 칠리 파우더 ¼작은술
- 간장 1½큰술
- 소홍주 2작은술
- 황설탕 2큰술 듬뿍
- 옥수수 전분 2작은술
- 파슬리

빵:

- 물 1컵
- 설탕 2작은술
- 식용유 1큰술
- 인스턴트 이스트 2작은술
- 중력분 3컵

1. 중간 크기 냄비에 삼겹살과 옥수수 전분을 제외한 다른 속 재료를 넣고 섞는다. 삼겹살이 전부 잠길 수 있을 만큼 물을 넣고 끓인다. 물이 끓기 시작하면 삼겹살을 넣고 1시간 동안 조린다.

2. 삼겹살이 익는 동안 빵을 만든다. 믹싱볼에 물, 설탕, 식용유, 이스트를 넣고 반죽이 손에 달라붙지 않는 상태가 될 때까지 밀가루를 넣어가면서 반죽한다. 반죽을 덧가루를 살짝 뿌린 작업대에 올리고 부드럽고 매끄러워질 때까지 반죽한다. 깨끗한 믹싱볼에 반죽을 넣고 비닐랩이나 젖은 면포로 덮는다. 따뜻한 곳에서 1시간가량 발효시킨다.

3. 잘 발효된 반죽의 가스를 빼고 6등분한다. 반죽 하나를 20cm 길이로 길쭉하게 밀어 편다. 길쭉하게 밀어 편 반죽을 밀대로 밀어 납작하게 만든다. 납작하게 만든 반죽을 돌돌 말아 원통 모양으로 만든다. 원통 모양으로 만든 반죽을 손바닥으로 눌러 평평하게 한 다음, 밀대를 사용해 지름 15cm의 원 모양으로 만든다. 반죽을 중불에서 노릇해질 때까지 1분 동안 굽는다. 모든 반죽을 똑같이 반복하고 한쪽으로 치워둔다.

4. 조린 삼겹살을 따로 그릇에 덜어낸다. 포크 두 개를 사용하여 껍질 부분을 분리해서 버리고 살코기는 채썬다. 잘게 썬 삼겹살을 다시 냄비에 넣고 30분간 더 익힌다. 옥수수 전분을 약간의 차가운 물과 함께 섞어 녹말물을 만든다. 물녹말을 돼지고기가 담긴 냄비에 붓고 섞어 걸쭉하게 만든다. 냄비를 불에서 내린다.

5. 구운 빵의 중간 부분을 자른다. 빵 사이에 삼겹살을 숟가락으로 떠 넣는다. 다진 파슬리를 약간 얹고, 바로 먹는다.

"호기심은 우릴 새로운 모험으로 이끌죠"

만터우

이 담백한 빵은 매운 음식을 먹은 뒤 후식으로 먹기에 아주 좋다. 쪄서 먹어도 맛있고 튀겨서 먹어도 맛있으며, 튀긴 만터우를 연유에 찍어 먹으면 중독성 있는 간식으로 변신한다.

남극의 탐사 기지에서 근무하기 전, 메이는 시안의 단골 훠궈 식당에서 식사를 마치고 후식으로는 항상 만터우를 주문했다. 메이는 일반적인 만터우보단 튀긴 만터우를 더 좋아한다.

중국 • 메이

분류: **축제 음식**

준비 시간: 10분
발효 시간: 1시간
찌는 시간: 한판당 10분

분량: 한입 크기로 24개

식단: 채식주의

- 따뜻한 물 ¾컵
- 설탕 2큰술
- 소금 한꼬집
- 인스턴트 이스트 1½작은술
- 중력분 2½컵, 덧가루용으로 조금 더 준비
- 튀김용 식용유 4컵
- 연유 ½컵

1. 따뜻한 물, 설탕, 소금, 이스트를 중간 크기 믹싱볼에 넣고 섞는다. 너무 끈적이지 않는 상태가 될 때까지 밀가루를 조금씩 넣어가며 반죽한다. 밀가루를 살짝 뿌린 작업대에 반죽을 올리고 부드러워질 때까지 몇 분간 반죽한다. 반죽을 믹싱볼에 다시 넣고 비닐랩을 씌운 후 1시간 정도 따뜻한 곳에서 발효시킨다.

2. 발효된 반죽을 꺼내 반죽이 부드러워질 때까지 다시 몇 번 반죽한 다음 반으로 나눈다. 반죽을 굴려 지름 4cm의 원통 모양으로 만든다. 반죽을 2.5cm 두께로 자른다. 밀가루를 가볍게 뿌린 다음 찜통에 넣는다. 완전히 익을 때까지 10분간 찐다. 나머지 반죽도 똑같이 반복한다.

3. 튀긴 만터우를 만들고 싶다면 작은 냄비에 식용유 몇 컵을 넣고 중불에 올린다. 만터우의 모든 면이 갈색이 될 때까지 가끔씩 뒤집어가며 튀긴다. 키친타올에 받쳐 기름기를 제거한다. 연유를 찍어 먹는다.

"모두 함께해요. 우린 할 수 있어요"

겨울맞이 오향 핫초코

온 세상이 깨끗한 눈으로 덮여 있는 겨울날 김이 모락모락 피어오르는 따뜻한 코코아 한 잔보다 값진 것은 없다. 코코아의 진한 맛과 예상치 못한 향신료가 어우러져 진정으로 따뜻한 음료가 탄생했다.

    메이는 탐사 기지의 혹독한 기후 속에서 근무하면서 이 특별한 레시피를 개발했다. 다섯 종류의 향신료는 생각보다 코코아와 어울렸으며 동료들 사이에서도 인기 있는 음료가 되었다.

중국 • 메이

분류: **음료**

 제조 시간: 5분   분량: 2잔   식단: 글루텐 프리, 채식주의

» 코코아 파우더 ⅓컵
» 황설탕 2~3큰술, 취향에 맞게 준비
» 오향 가루 1작은술
» 우유 3컵
» 생크림 ¼컵
» 마시멜로우, 휘핑크림(토핑용)

1. 코코아 가루, 황설탕, 오향 가루를 작은 믹싱볼에 넣고 휘저어 핫초코 믹스를 만든다. 잠시 한쪽으로 치워둔다.

2. 우유를 담은 냄비를 약불에 올리고 자주 저어가며 끓기 직전까지 가열한다.

3. 핫초코 믹스를 우유에 넣고 뭉치는 부분이 없도록 꼼꼼히 섞는다. 머그컵 두 개에 나누어 따르고 마시멜로 또는 휘핑크림을 얹는다.

"빨리 시작하고 싶어요"

파코라

파코라는 인도 어디서나 쉽게 발견할 수 있는 튀김 음식이다. 시메트라는 어린 시절을 보냈던 하이데라바드의 빈민가 근처 노점에서 이 맛있는 음식을 처음 접했다. 유토페아에는 길거리에 늘어선 노점과 같은 형태의 음식점이 없지만, 시메트라는 바삭한 파코라 한 접시에 약간의 처트니나 라이타를 곁들여 먹을 수 있다는 사실만으로도 만족한다.

인도 • 시메트라

분류: *에피타이저*

- » 튀김용 식용유
- » 중간 크기 양파 ½개, 얇게 잘라서
- » 컬리플라워 2컵
- » 감자 1개, 작게 깍둑썰어서
- » 마늘 2톨, 다져서
- » 고수 2큰술, 다져서
- » 카레 가루 1작은술
- » 소금 ½작은술
- » 카이엔 페퍼 한꼬집
- » 병아리콩 가루 1½컵
- » 차가운 물 ¾~1컵

 준비 시간: 5분
조리 시간: 20분

 분량: 파코라 12개

 식단: 글루텐 프리, 채식주의

1. 중간 크기 냄비에 식용유를 5cm 깊이로 붓고 175°C가 될 때까지 중불로 가열한다. 양파, 컬리플라워, 감자, 마늘을 커다란 믹싱볼에 넣는다. 향신료, 소금을 취향껏 넣고 함께 버무린 다음 잠시 한쪽으로 치워 둔다.

2. 다른 믹싱볼에 병아리콩 가루와 물을 적당히 섞어 어느 정도 묽지만, 숟가락으로 떴을 때 흘러내리지 않을 정도의 반죽을 만든다. 반죽을 채소 위에 붓고 뭉치는 부분이 없도록 꼼꼼히 버무린다.

3. 반죽을 한 번에 ½컵 정도씩 떠서 뜨거운 기름에 떨어뜨린다. 1분 정도 그대로 튀기다가 뒤집어서 반대쪽도 익힌다. 먹음직스러운 황금빛이 돌고 바삭바삭해지면 완성이다.

"생각할 수 있다면 만들 수도 있죠"

치킨 마살라

시메트라는 어린 시절 혼잡하고 무질서한 빈민가에서 살았기 때문에 질서정연한 사회를 동경했다. 비슈카르의 광축가 아카데미에 영입된 시메트라는 유토페아의 질서정연한 사회에서 큰 위안을 얻었다. 시메트라는 가끔 어린 시절의 기억을 더듬어 치킨 마살라를 만들어 먹곤 한다. 어린 시절에 먹었던 이 소박한 요리는 유토페아의 화려한 음식에 비하면 초라하기 이를 데 없지만, 특유의 깊고 편안한 맛을 가지고 있다.

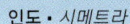

인도 • *시메트라*

분류: **소울 푸드**

 준비 시간: 5분
조리 시간: 35분

 분량: 4인분

 식단: 글루텐 프리

- » 식용유 3큰술
- » 카다멈 가루 1작은술
- » 시나몬 파우더 1작은술
- » 카레 가루 1작은술
- » 정향 가루 ¼작은술
- » 중간 크기 양파 1개, 깍둑썰어서
- » 닭다리 450g, 껍질을 제거해서
- » 생강 5cm, 갈아서
- » 마늘 6톨, 다져서
- » 맵지 않은 고춧가루 1작은술
- » 터머릭 가루 한 꼬집
- » 월계수 잎 2장
- » 그릭 요거트 2큰술
- » 물 ¼컵
- » 소금
- » 고수나 파슬리, 장식용

1. 커다란 프라이팬에 식용유를 두르고 중불에 올린다. 카다멈 가루, 시나몬 파우더, 카레 가루, 정향 가루를 넣고 향기로운 향이 올라올 때까지 1분간 볶는다.

2. 그 후 양파를 넣고 투명해질 때까지 볶는다. 닭다리, 생강, 마늘을 넣고 닭다리의 모든 면이 노릇해지도록 5분간 굽는다. 남은 재료를 전부 넣고 소금으로 간을 맞춘다. 뚜껑을 덮고 20분 동안 끓인다.

3. 닭다리를 건져서 공평하게 나눠 담고 카레를 붓는다. 고수나 파슬리로 장식한다. 치킨 마살라는 밥과 함께 먹으면 아주 맛있다.

"나는 혼돈에서 질서를 빚을 거예요"

카주 카틀리

캐슈넛과 기 버터로 만든 이 아름다운 간식은 입안에서 사르르 녹는 식감과 버터의 고소한 풍미로 가득 차 있다. 만들기도 쉽고 정확한 모양으로 잘라서 질서정연하게 배치할 수 있기 때문에 시메트라를 비롯한 아카데미의 광축가들은 이 간식을 즐겨 만든다.

인도 • 시메트라

분류: **축제 음식**

 준비 시간: 15분
건조 시간: 20분

 분량: 20 개

 식단: 글루텐 프리, 채식주의

- » 설탕 ½컵
- » 물 ¼컵
- » 캐슈넛 가루 1컵
- » 기 버터 1큰술
- » 카다멈 가루 한 꼬집
- » 식용 은박(선택 사항)

1. 유산지를 가로세로 30cm의 정사각형 모양으로 자른 후 버터를 고루 바른다. 잠시 한쪽으로 치워 둔다.

2. 작은 냄비에 설탕과 물을 넣고 중불에 올린다. 설탕이 모두 녹을 때까지 저으면서 끓인다. 설탕물이 어느 정도 걸쭉해지고 거품이 일기 시작하면 캐슈넛 가루를 넣는다. 수분이 거의 다 증발해 반죽이 냄비 바닥에 뭉쳐지는 상태가 될 때까지 5분간 젓는다. 불에서 내리고 기 버터와 카다멈을 넣고 섞는다.

3. 버터를 바른 유산지에 반죽을 펴서 식힌다. 반죽이 손으로 만질 수 있을 정도로 충분히 식으면 부드러운 질감이 될 때까지 계속 반죽한다. 버터를 살짝 바른 밀대를 사용하여 1cm~1.5cm 두께로 밀어낸다.

4. 식용 은박을 사용한다면, 밀어낸 반죽 위에 은박을 조심스럽게 깔고 잘 붙을 수 있게 지그시 눌러준다. 버터를 바른 날카로운 칼을 사용하여 반죽을 마름모 모양으로 자른다. 20분 정도 말린 다음 질서정연한 패턴으로 배열한다.

팁: 반죽을 자르기 전에 식용 은박을 반죽 위에 바르면 카주 카틀리에 아름다운 광택을 더할 수 있습니다.

"만물이 조화를 이룰 때 미를 찾을 수 있어요"

하이데라바디 라씨

인도의 전통적인 여름 음료인 라씨는 진한 요거트를 베이스로 한 음료이다. 라씨를 만드는 방법은 지역마다 집집마다 큰 차이가 있지만, 시메트라의 고향인 하이데라바드에서는 루 아프자라는 장미 향 시럽을 넣어 독특한 색과 풍미를 더해 먹는 방법이 가장 보편적이다. 시티아의 어린 시절은 너무나도 가난했기 때문에 라씨는 특별한 날에나 마실 수 있는 음료였다. 유토페아 최고의 광축가 시메트라로 거듭난 시티아는 가끔 루 아프자 시럽을 넣은 라씨를 마시며 어린 시절을 회상한다.

인도 • 시메트라

분류: **음료**

 제조 시간: 5분

 분량: 2잔 또는 듬뿍 1잔

 식단: 글루텐 프리, 채식주의

» 플레인 요거트 2컵
» 차가운 물 ½컵
» 설탕 ½컵
» 루 아프자 시럽 또는 좋아하는 시럽 1~2큰술
» 바닐라 아이스크림, 토핑용(선택 사항)
» 식용꽃, 토핑용(선택 사항)
» 잘게 부순 피스타치오, 토핑용(선택 사항)

1. 중간 크기 믹싱볼에 요거트, 물, 설탕을 넣고 설탕이 모두 녹을 때까지 섞는다.
2. 루 아프자 시럽을 넣고 완전히 섞일 때까지 다시 한번 섞는다.
3. 유리컵에 라씨를 붓고, 원하는 토핑으로 장식한다.

"반복할 가치가 있는 성과였어요"

틸굴 라두

이 작고 동그란 과자는 쫄깃함과 바삭함의 중간 정도의 식감을 가지고 있으며 참깨의 고소함과 원당의 진한 풍미가 가득하다. 이 작고 달콤한 '구슬' 한 알이면 사람들의 얼어붙은 마음을 녹이고 수많은 갈등에 치유와 평화를 가져다줄 것이다.

젠야타는 음식을 먹을 수 없지만, 음식을 통해 만나는 사람들에게 공감과 평화를 전파하는 방법은 알고 있다. 이 구슬이 조화의 구슬과 부조화의 구슬처럼 동료를 치료하거나 적을 물리치지는 못하겠지만, 비슷한 효과를 기대해 볼 수 있다.

네팔 • 젠야타

분류: **에피타이저**

- » 참깨 1컵
- » 재거리 설탕 1컵 또는 황설탕 ¾컵
- » 기버터 또는 무염버터 2큰술
- » 우유 ½컵

 조리 시간: 10분   분량: 12개   식단: 글루텐 프리, 채식주의

1. 작은 믹싱볼에 버터를 바르고 잠시 한쪽으로 치워둔다. 중불에 프라이팬을 올리고 참깨를 볶는다.

2. 남은 재료들을 참깨를 볶던 프라이팬에 넣고 걸쭉해질 때까지 계속 휘저어 가면서 볶는다. 충분히 걸쭉해졌다면 불에서 내리고 버터를 바른 믹싱볼에 붓는다.

3. 참깨 혼합물이 손으로 만질 수 있을 만큼 충분히 식으면, 손에 버터를 바르고 참깨 혼합물을 뭉쳐서 한입 크기의 공 모양으로 빚는다. 깨끗한 접시에 옮겨 담고 식힌다.

"오로지 승리만 생각하시오. 패배는 불가능하다고 여기시오"

모모

매콤한 향신료와 부드럽고 푹신한 만두피가 어우러진 이 티베트식 만두는 작은 기쁨의 구슬이다. 전통적으로는 고기로 속을 채우지만 젠야타와 겐지를 포함한 샴발리 수도원 사람들은 채소로 속을 채운 모모를 선호한다.

네팔 • 젠야타

분류: 소울 푸드

준비 시간: 20분
발효 시간: 1시간
찌는 시간: 15~20분

분량: 만두 8개

식단: 글루텐 프리, 채식주의

만두피:
- 따뜻한 물 ½컵
- 식용유 1큰술
- 설탕 3작은술~3큰술, 취향에 맞게 준비
- 가는 소금 ½작은술
- 인스턴트 이스트 2작은술
- 중력분 2½컵

만두소:
- 튀김용 식용유 2큰술
- 잘게 다진 생강 1큰술
- 다진 마늘 1큰술
- 작은 양파 ½개, 깍둑썰어서
- 토마토 페이스트 2큰술
- 참기름, 취향에 맞게 준비
- 터머릭 ½작은술
- 커민 ½작은술
- 레드 페퍼 플레이크 ¼작은술
- 소금과 후추, 취향에 맞게 준비
- 양송이 버섯 300g
- 냉동 완두콩 1컵, 해동해서
- 옥수수 전분 2작은술

만두피 만들기:

1. 중간 크기 믹싱볼에 따뜻한 물, 식용유, 설탕, 소금, 이스트를 넣고 섞는다. 밀가루를 한 번에 ½컵씩 조금씩 넣어가며 손에 달라붙지 않는 상태의 반죽을 만든다. 덧가루를 살짝 뿌린 작업대에 반죽을 올리고 반죽에 탄력이 생길 때까지 몇 분 동안 반죽한다. 반죽을 깨끗한 믹싱볼로 옮겨 담는다. 반죽을 젖은 면포로 덮고 따뜻한 곳에서 1시간 동안 발효시킨다.

만두소 만들기:

2. 반죽이 발효되는 동안 만두소를 만든다. 프라이팬에 식용유를 두르고 중불에 올린다. 생강과 마늘을 넣고 노릇해질 때까지 볶는다. 그 후 양파를 넣고 투명해질 때까지 몇 분간 더 볶는다. 토마토 페이스트, 참기름, 향신료를 넣고 소금과 후추를 넣어 간을 맞춘다.

3. 마지막으로 버섯을 넣고 모든 재료가 어우러지게 골고루 섞는다. 버섯이 부드러워질 때까지 5분간 더 볶는다.

4. 불에서 내린다. 완두콩을 넣고 섞는다. 작은 믹싱볼이나 컵에 옥수수 녹말과 물을 섞어 녹말 물을 만든다. 녹말 물을 만두소에 넣고 휘저어 만두소를 약간 걸쭉하게 만든다.

"반복이야말로 완벽에 이르는 길이오…"

» 다음 페이지에서 계속…

만두 빚기:

5. 발효시킨 반죽을 8등분으로 나눈다. 각 반죽을 공 모양으로 굴린 다음 가장자리가 조금 더 납작한 지름 10cm 너비의 원반 모양으로 만든다. 한 손으로 만두피를 잡고 만두피 가운데에 만두소를 한 숟가락 떠서 넣는다. 한쪽 가장자리부터 시작하여 만두피를 약간 꼬집어서 손가락 끝으로 눌러준다. 만두피가 소를 완전히 감쌀 때까지 반복한다. 남은 만두피와 만두 속도 똑같이 반복한다.

6. 속을 채운 만두를 작은 정사각형 유산지에 올리고 찜통에 넣는다. 15~20분간 찐 다음 뚜껑을 덮은 채로 5분간 뜸들인다. 만든 당일에 먹는 것이 가장 좋다.

티베트 수유차

김이 모락모락 피어오르는 수유차 한 잔은 샴발리 수도원으로 향하는 험난한 산길을 오르는 순례자들에게 대가 없이 제공되는 따뜻한 음료이다. 처음에는 그 느끼함에 약간 거부감이 생길 수도 있지만, 짭짤하고 부드러운 차가 입안을 감돌면, 소금과 버터가 회복을 촉진하고 내면의 조화를 가져다준다는 것을 알게 될 것이다.

네팔 • 젠야타

분류: **음료**

 제조 시간: 5분　　 분량: 2잔　　 식단: 글루텐 프리, 채식주의

- » 끓는 물 4컵
- » 홍차 티백 2개
- » 소금 ¼작은술
- » 무염버터 2큰술
- » 생크림 ⅓컵

1. 티백 두 개를 끓는 물에 넣고 원하는 농도가 될 때까지 우린다. 티백을 건져내고 소금을 넣는다. 소금이 모두 녹을 때까지 저어준 후 버터와 생크림을 넣는다.

2. 핸드블렌더로 거품이 생기도록 적어도 1분 이상 휘핑한다. 컵 두 개에 균등하게 나누어 담는다. 식기 전에 마신다.

팁: 전통적인 방법은 교유기로 거품을 만들지만, 보편적으로는 핸드블렌더를 사용해 거품을 만든다. 핸드블렌더도 없다면 밀폐용기에 차를 넣고 힘차게 흔들어 거품을 만드는 방법도 있다.

"진정한 자아엔 형체가 없는 법…"

달

 **윈스턴**
- » 파인애플 피자   207
- » 호라이즌 초코파이   209
- » 땅콩버터 푸딩   211

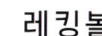 **레킹볼**
- » 햄스터 사료   213
- » 치즈 레킹볼   215

파인애플 피자

파인애플 피자에 대한 오버워치 요원들의 호불호는 극명하게 갈리지만, 윈스턴은 파인애플 피자를 좋아한다. 오르카호든 감시 기지든 윈스턴이 있는 곳이라면 항상 식탁 중앙에 파인애플 피자가 놓여있는 걸 확인할 수 있다. 고요하고 출출한 밤이면 윈스턴은 파인애플 피자를 먹으며 동료들과 웃고 떠들었던 옛 추억을 떠올리곤 한다.

달 · 윈스턴

분류: **축제 음식**

준비 시간: 5분
발효 시간: 1시간
굽는 시간: 15분

분량: 피자 1판, 약 8인분

식단: 해당 없음

도우:
- 물 1컵
- 설탕 1큰술
- 액티브 드라이 이스트 2작은술
- 올리브유 3큰술, 도우에 덧칠할 용도로 조금 더 준비
- 소금 1½작은술
- 중력분 3½컵, 덧가루용으로 조금 더 준비

토핑:
- 토마토 피자 소스 ½컵, 취향에 맞게 준비
- 모차렐라 치즈 1½컵, 잘게 조각내서
- 익힌 햄 또는 케네디언 베이컨 ½컵, 잘게 다져서
- 생 또는 통조림 파인애플 ½컵, 작게 잘라서
- 베이컨 3슬라이스, 바싹 익혀서
- 적양파 조금, 얇게 잘라서

반죽 만들기:

1. 중간 크기 믹싱볼에 물, 설탕, 이스트, 올리브유, 소금을 넣고 섞는다. 반죽하기에 너무 끈적이지 않는 상태가 될 때까지 밀가루를 조금씩 넣어가며 반죽한다. 덧가루를 살짝 뿌린 작업대에 반죽을 올리고 반죽이 말랑말랑하고 찰기가 생길 때까지 반죽한다. 완성된 반죽을 믹싱볼에 담고 비닐로 덮는다. 1시간 정도 따뜻한 곳에서 발효시킨다.

완성하기:

2. 반죽이 충분히 부풀었다면 오븐을 230°C로 예열하고 큰 오븐팬에 유산지를 깐다. 반죽을 기름칠한 손을 사용해 지름 50cm 너비의 원판 모양으로 늘린다. 반죽 위에 소스를 바르고 햄, 파인애플, 베이컨, 양파를 올린다. 이때 피자의 가장자리 1cm~3cm 정도는 남겨둔다. 마지막으로 치즈를 골고루 뿌리고 치즈와 토핑이 먹음직스러운 황금색이 될 때까지 15분 동안 굽는다. 8등분으로 잘라서 먹는다.

"자연도태로군요"

호라이즌 초코파이

달 기지에서 성장하던 시절은 힘들었지만, 보물 같은 순간은 있었다. 윈스턴은 달에서 지낼 동안 많은 걸 배우고 좋은 추억을 쌓았다. 달 식민지에서의 시간이 지금의 그를 만들었다 해도 과언이 아니다. 윈스턴의 가슴 한구석엔 해롤드 윈스턴 박사와 그의 동료 과학자들이 매해 첫날 구워 주던 달콤하고 쫀득한 초콜릿 마시멜로 파이가 추억으로 남아 있다.

달 • 윈스턴

분류: **축제 음식**

준비 시간: 20분
굽는 시간: 20분
식힘 시간: 30분

분량: 파이 8~10개

식단: 채식주의

- 무염버터 6큰술, 부드럽게 해서
- 흑설탕 ½컵
- 바닐라 익스트랙 ½작은술
- 달걀 1개
- 그레이엄 크래커 크럼블 1½컵 (크래커 8개 정도 분량)
- 베이킹파우더 ½작은술
- 베이킹 소다 ½작은술
- 소금 한꼬집
- 중력분 ¾컵
- 마시멜로우 플러프 1½컵
- 초콜릿칩 300g
- 식용유 1큰술

1. 오븐을 175°C로 예열하고 오븐팬에 유산지를 깐다.
2. 커다란 믹싱볼에 버터와 흑설탕을 넣고 휘핑한다. 그 후 바닐라 익스트랙과 달걀, 그레이엄 크래커 크럼블, 베이킹파우더, 베이킹 소다, 소금을 넣고 섞는다. 밀가루를 조금씩 넣어가며 너무 끈적이지 않는 상태가 될 때까지 반죽한다.
3. 반죽을 반으로 나눈다. 반죽의 절반을 덧가루를 살짝 뿌린 작업대에 올리고 밀대를 사용해 1cm 두께로 밀어 편다. 지름 8cm의 원형 쿠키 커터나 유리잔을 사용하여 반죽에서 가능한 한 많은 쿠키 반죽을 찍어낸다.
4. 준비된 오븐팬에 쿠키 반죽을 올리고 10분간 굽는다. 팬닝된 상태로 2분 정도 두었다가 식힘망으로 옮겨 완전히 식힌다. 남은 반죽도 똑같이 반복한다.
5. 쿠키가 완전히 식었다면, 쿠키의 절반의 중앙에 마시멜로 플러프를 2큰술씩 떠 놓는다. 그 위에 나머지 절반의 쿠키를 올리고 잘 고정되도록 부드럽게 누른다. 초콜릿 코팅을 준비하는 동안 냉동실에 넣어 굳힌다.
6. 브로일러나 전자레인지를 사용해서 초콜릿을 흐를 수 있는 농도가 될 때까지 녹인다. 녹인 초콜릿에 식용유를 넣고 섞어준다.
7. 냉장고에서 쿠키 샌드를 꺼낸다. 큰 숟가락을 사용하여 쿠키의 윗면을 초콜릿으로 코팅하고 초콜릿이 옆면으로도 흐르도록 한다. 초콜릿이 묻은 부분을 매끄럽게 다듬은 다음 식힘망에 올려 굳힌다. 차가운 쿠키는 초콜릿이 빨리 굳게 하는 데 도움이 된다. 남은 쿠키도 똑같이 반복한다. 먹기 전까지 냉장 보관한다.

"아니요, 바나나 안 주셔도 됩니다"

땅콩버터 푸딩

대부분의 사람들은 땅콩버터 푸딩을 숟가락으로 떠서 먹지만, 윈스턴은 바나나를 찍어 먹는다. 건강을 위해 어쩔 수 없이 먹어야 하는 바나나를 억지로라도 먹기 위해 윈스턴이 고안해 낸 방법이다.

달 • 윈스턴

분류: **소울 푸드**

 조리 시간: 10분   분량: 4인분   식단: 글루텐 프리, 채식주의

- » 설탕 ¼컵
- » 소금 한 꼬집
- » 옥수수 전분 ⅓컵
- » 우유 3컵
- » 꿀 ¼컵
- » 땅콩버터 1½컵
- » 바닐라 익스트랙 2작은술
- » 시나몬 파우더 ½작은술
- » 바나나 2개, 슬라이스 해서
- » 휘핑크림, 토핑용

1. 중간 크기 냄비에 설탕, 소금, 옥수수 전분을 넣고 섞는다. 그 후 우유와 꿀을 넣고 뭉치는 부분이 없도록 꼼꼼히 섞는다. 냄비를 중불에 올리고 눈에 띄게 걸쭉해질 때까지 젓는다.

2. 불을 끄고 땅콩버터, 바닐라 익스트랙, 시나몬 파우더를 넣고 골고루 섞는다. 푸딩을 접시에 담고 완전히 식힌다. 바나나 조각과 생크림을 곁들여 먹는다.

팁: 푸딩은 비닐랩으로 감싸서 냉장 보관하면 2~3일 정도는 두고 먹을 수 있다.

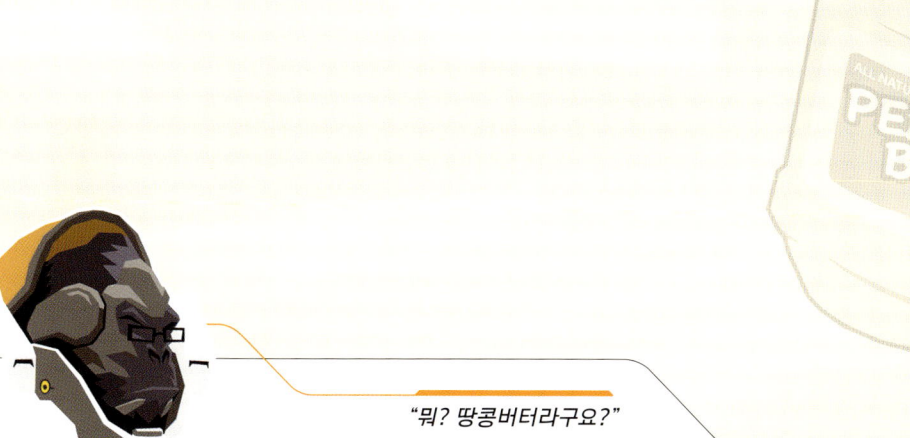

"뭐? 땅콩버터라구요?"

햄스터 사료

해먼드는 쓰레기촌 주변에 널려 있는 고철과 쓰레기를 조합하여 탈출 포드를 전투 로봇으로 개조했다. 마찬가지로 이 레시피는 다양한 재료를 조합하여 만든 바삭하고 고소한 간식으로, 종말의 쓰레기 더미 속에서도 입맛을 돋울 수 있다.

달 • 레킹볼

분류: **에피타이저**

- » 쌀시리얼 1컵
- » 루시우-오즈 시리얼 또는 비슷한 종류의 시리얼 1컵
- » 시나몬 파우더 ½작은술
- » 해바라기씨 ½컵
- » 호박씨 ½컵
- » 오트밀 ¼컵
- » 초콜릿칩 또는 초콜릿 사탕 ½컵
- » 크랜베리, 건포도, 그 밖에 좋아하는 건조 과일 ½컵
- » 땅콩버터 ½컵
- » 꿀 ½컵
- » 황설탕 ¼컵

 준비 시간: 10분
굳히는 시간: 1시간

 분량: 약 12개

 식단: 채식주의

1. 중간 크기 믹싱볼에 모든 마른 재료들을 넣고 잘 섞일 때까지 섞는다. 가로세로 25cm 크기의 정사각형 오븐팬에 버터를 고루 바르고 잠시 한쪽으로 치워둔다.

2. 작은 믹싱볼에 땅콩버터, 꿀, 황설탕을 넣고 전자레인지로 녹여서 시럽을 만든다. 시럽을 마른 재료가 있는 믹싱볼에 붓고 뭉치는 부분이 없도록 꼼꼼히 섞는다. 버터를 바른 오븐팬에 견과류를 넣고 평평하게 누른다. 적어도 한 시간 동안 식히고 한입 크기로 자른다.

화난 찍찍

치즈 레킹볼

해먼드는 이 맛있는 치즈볼이 투기장에서 싸우는 자신의 모습과 같다고 생각한다. 누구든지 좋아하고 고소한 견과류와 짭짤한 치즈의 치명적인 조화라면 고철장 챔피언 레킹볼의 모습과 같다고 해도 과언이 아니다.

달 • 레킹볼

분류: **축제 음식**

- » 크림치즈 230g, 부드럽게 해서
- » 화이트 체다치즈 230g, 갈아서
- » 양파 가루 2작은술, 1작은술씩 나누어서 준비
- » 마늘 가루 2작은술, 1작은술씩 나누어서 준비
- » 볶은 참깨 2작은술
- » 포피 씨드 2작은술

 준비 시간: 10분
휴지 시간: 1시간

 분량: 치즈볼 1개

 식단: 글루텐 프리, 채식주의

1. 푸드 프로세서에 크림치즈, 체다치즈를 넣고 양파 가루와 마늘 가루를 1작은술씩 넣는다. 모든 재료가 잘 섞이고 크림치즈가 휘핑 되도록 여러 번 나누어 갈아준다. 푸드 프로세서가 없다면 위의 재료를 믹싱볼에 넣고 주걱으로 섞어도 된다.

2. 물을 살짝 묻힌 손으로 잘 섞인 치즈를 공 모양으로 빚어서 치즈볼을 만든다. 치즈볼을 비닐랩으로 싸서 냉장고에 1시간 동안 굳힌다.

3. 참깨, 포피 씨드, 나머지 마늘 가루와 양파 가루를 얕은 쟁반에 넣고 섞는다. 치즈볼의 비닐랩을 제거하고 치즈볼이 토핑으로 완전히 덮일 때까지 쟁반 위에서 굴린다. 크래커를 곁들어 먹는다.

"햄스터가 고맙다고 함"

 @dotory_books
 @dotory_books

©2019 Blizzard Entertainment, Inc. All rights reserved. Overwatch and Blizzard Entertainment are trademarks or registered trademarks of Blizzard Entertainment, Inc. in the U.S. and/or other countries.

Published by Insight Editions, San Rafael, California, in 2019. No part of this book may be reproduced in any form without written permission from the publisher.

본 한국어판 서적은 Insight Editions와 Blizzard Entertainment, Inc. 와의 정식계약에 따라 출판되었습니다. 책의 어떠한 부분도 당사의 사전 서면 허락 없이 어떠한 방법으로도 복제, 전송, 복사할 수 없습니다.

ISBN: 979-11-970906-1-5 (03590)

제작: 인사이트 에디션
대표 이사: 케이트 제롬
발행인: 라울 고프
부 발행인: 바네사 로페즈
제작 책임: 크리시 콰스닉
디자이너: 에블린 후루타
편집장: 로렌 르페라
선임 편집자: 아만다 응
편집 보조: 마야 알퍼트
제작 편집인: 제니퍼 벤담, 일레인 오
선임 생산관리자: 그렉 스테펜
추가로 편집에 참여해 주신 "안나 임스"에게 감사의 말씀을 전합니다.

감수: 블리자드 엔터테인먼드
편집자: 앨리슨 아이언스, 폴 모리세이
크리에이티브 자문: 마이클 추, 아놀드 창
고증 자문: 션 코플랜드, 크리스티 쿠글러, 저스틴 파커
제작: 필립 힐덴브랜드, 브리앤 M. 로프티스, 알릭스 니콜라에프, 데릭 로젠버그, 제프리 웡
감독 & 시판 사업: 바이런 파넬
감독 & 크리에이티브 개발: 랄프 산체스, 데이비드 시홀저

1판 1쇄 발행 2022.07.31
지은이: 첼시 먼로 카셀
옮긴이: 도토리 편집부
펴낸이: 안다일
펴낸곳: 도토리
FAX: 0504-325-3914
전화: 031-817-0815
이메일: support@dotorybooks.com
신고번호: 251002022000113
신고일자: 2020.05.22

지은이: 첼시 먼로 카셀

첼시 먼로 카셀은 뉴욕 타임스 베스트셀러 '왕좌의 게임: 불과 얼음의 축제 공식 요리책'의 공동 저자이자 '월드 오브 워크래프트 공식 요리책', '하스스톤: 여관 주인의 선술집 요리비법', '엘더스크롤: 공식 요리책'의 저자입니다. 평생을 판타지 장르의 팬으로 살아온 예술가 첼시는 창의력과 역사적 연구를 바탕으로 판타지 속 요리를 현실로 만들어냈습니다. 외국어, 보물찾기, 역사, 꿀과 관련된 모든 것을 좋아하는 첼시는 현재 남편과 늙은 사냥개, 똥보 맹크스 고양이와 함께 버몬트에서 살고 있습니다.

이 책에는 아모레 퍼시픽에서 제공한 아리따 폰트가 사용되었습니다.

책값은 뒷표지에 있습니다.

잘못 만들어진 책은 구입처에서 바꿔드립니다.